DIARIO DE LA PATAGONIA

Notas y reflexiones
de un naturalista sensible

Charles Darwin

DIARIO DE LA PATAGONIA

Notas y reflexiones
de un naturalista sensible

Estudio preliminar, selección
y supervisión de textos
PABLO CHIARELLI
Curador de la Fundación de Historia Natural Félix de Azara
Departamento de Ciencias Naturales y Antropología
(CEBBAD - Universidad Maimónides)

Director de la Colección
NERIO TELLO

Ediciones Continente

> La presente edición contó con el asesoramiento y relevamiento de material de la Fundación de Historia Natural Félix de Azara, de Buenos Aires, Argentina.

Selección de textos de la obra
A Naturalist's Voyage Round the World, de Charles Darwin Primera edición: 1839

Diario de la Patagonia

1ª edición, 2006
4ª edición, 2025

Ediciones Continente
Pavón 2229 (C1248AAE) Buenos Aires, Argentina
Tel.: (54-11) 4308-3535 - Fax: (54-11) 4308-4800
e-mail: info@edicontinente.com.ar

ISBN-10: 950-754-184-5
ISBN-13: 978-950-754-184-1

Director de la colección: Nerio Tello
Corrección: Daniela Acher
Diseño de tapa: Estudio Tango
Diseño de interior: Carlos Almar

> Darwin, Charles R.
> Diario de la Patagonia: notas y reflexiones de un naturalista sensible - 1a ed. - Buenos Aires: Continente-Pax, 2006.
> 144 p. ; 23x16 cm.
>
> ISBN 950-754-184-5
>
> 1. Diario de Viaje. I. Título
> CDD 910.4

© **Ediciones Continente**

Queda hecho el depósito que marca la ley 11.723.

Libro de edición argentina

No se permite la reproducción parcial o total, el almacenamiento, el alquiler, la transmisión o la transformación de este libro, en cualquier forma o por cualquier medio, sea electrónico o mecánico, mediante fotocopias, digitalización u otros métodos, sin el permiso previo y escrito del editor. Su infracción está penada por las leyes 11.723 y 25.446.

Impreso en España - *Printed in Spain*

ÍNDICE

Estudio preliminar - El diario de un naturalista sensible,
  por Pablo Chiarelli 7
  Regionalismos y costumbres 10
  Antropología... 11
  Historia 13
  Geología 16
  Zoología 17
  Paleontología.. 19
  Sobre las enfermedades de Darwin 24

Diario de la Patagonia... 25
  Puerto Deseado. Guanaco. Puerto San Julián. Geología de la Patagonia. Animal fósil gigantesco. Tipos constantes de organización. Modificaciones en la zoología de América. Causas de extinción. 25
  El Santa Cruz. Expedición por el curso superior del río. Indios. Inmensas corrientes de cavas basálticas. Fragmentos no transportados por el río. Excavaciones del valle. Costumbres del cóndor. La cordillera. Bloques erráticos gigantescos. Ruinas indias. Vuelta al barco. Las islas Falkland. Caballos salvajes, toros, conejos. Zorro parecido al lobo. Fuego conservado con huesos. Modo de cazar el ganado salvaje. Geología. Acarreos de piedras. Escenas de violencia. Pájaro bobo. Ocas. Huevos de los pólipos. Animales compuestos. 42
    El Santa Cruz, la Patagonia y las islas Falkland 42
  La Tierra del Fuego; nuestra llegada. La bahía del Éxito. Los fueguenses a bordo. Entrevista con los salvajes. Aspecto que presentan los bosques. El cabo de Hornos. La bahía de Wigwam. Miserable condición de los salvajes. Hambres. Caníbales. Parricida. Sentimientos religiosos. Tempestad

terrible. El canal del Beagle. El estrecho de Ponsonby. Construimos *wigwams* y establecemos a los fueguenses. Bifurcación del canal del Beagle. Ventisqueros. Vuelta al barco. Segunda visita del barco a la ciudad que hemos fundado. Igualdad perfecta entre los indígenas. 65

    La Tierra del Fuego 65

Estrecho de Magallanes. Puerto Desolación. Ascensión al monte Taru. Bosques. Setas comestibles. Zoología. Inmensa planta marina. Salida de la Tierra del Fuego. Clima. Árboles frutales y producciones de las costas meridionales. Altura de la línea de nieves perpetuas en la cordillera. Descenso de los ventisqueros hacia el mar. Formación de las montañas de hielo. Acarreo de los bloques de piedra. Clima y producciones de las islas antárticas. Conservación de los cadáveres helados. Recapitulación. 90

    Estrecho de Magallanes. Clima de las costas meridionales ... 90

Sobre el clima y producciones de la Tierra del Fuego y de la costa sudoeste 99

Altura del límite de las nieves y marcha de los ventisqueros en la América meridional 101

    Clima y producciones de las islas antárticas 104

    Recapitulación 106

    Notas originales del diario de viaje 107

Correspondencia de Darwin al doctor Francisco Javier Muñiz 109

Los mamíferos fósiles a los que hace mención Darwin 113

Como Darwin lo había anunciado… 119

Charles Darwin (1809-1882) 123

    Cronología de los principales sucesos de su vida 124

ESTUDIO PRELIMINAR

El diario de un naturalista sensible

Por Pablo Chiarelli[*]

La palabra "evolución" remite y está invariablemente sujeta a una persona: Charles Darwin. Aunque la idea de evolución como hecho, como motor de los acontecimientos en el orden natural, ha sido esbozada desde la antigüedad clásica, pocas ideas revolucionaron a tal grado el pensamiento humano y agitaron tantas pasiones como la teoría evolutiva, mediante la selección natural, formulada por Darwin.

Estas ideas, o mejor dicho, las numerosísimas evidencias que las sustentarían, partieron de un viaje alrededor del mundo que el por entonces joven Darwin emprendió en un buque de bandera inglesa, una de cuyas misiones era explorar y trazar mapas exactos de las costas e islas de los confines de América. Recorrió algunos ríos interiores de la República Argentina y la provincia de Buenos Aires, luego visitó el Uruguay y desde allí inició su recorrido por la costa argentina hasta las islas Malvinas; cruzó el estrecho de Magallanes y remontó hacia el norte, paralelo a la costa chilena, hasta tocar las islas Galápagos; luego enfiló en dirección oeste hacia Tahití, adonde arribó en noviembre de 1835. Desde Tahití se dirigió sucesivamente a Nueva Zelanda, Tasmania y Australia, haciendo puerto en Sydney en enero de 1836. De allí rumbeó hacia la isla Mauricio y más tarde a Ciudad del Cabo, adonde desembarcó en julio de ese mismo año. Por último, cruzó nuevamente el Atlántico, llegó a la ciudad brasileña de Bahía (punto inicial de su desembarco en Sudamérica) y, luego de algunas pequeñas escalas, finalmente puso proa hacia Falmouth, donde desembarcó en octubre de 1836.

---

[*] Curador de la Fundación de Historia Natural Félix de Azara. Departamento de Ciencias Naturales y Antropología (CEBBAD - Universidad Maimónides)

Pero sus conclusiones respecto de las ideas que se originaron en este viaje no fueron publicadas inmediatamente. Sucesivas inseguridades y, sobre todo, su autoconvencimiento acerca del carácter defectuoso de la cantidad y calidad de las evidencias recogidas (y quizá también el presentimiento de las tormentas que desataría) hicieron que Darwin dudara repetidamente de la publicación de su volumen. El hecho que catalizó definitivamente la edición fue, sin duda, la carta que le envió Alfred Russel Wallace, en la que le expresaba sus ideas (fuertemente convergentes con las del propio Darwin) sobre la selección natural como motor del cambio evolutivo.

Luego de leer la carta, y aconsejado por sus amigos Charles Lyell y Joseph Hooker, Darwin apuró la redacción de su obra cumbre –que hasta entonces era una voluminosa colección de notas– en el tiempo récord de 13 meses, intentando hacer una síntesis lo más ajustada posible (aunque ésta no era esa su intención inicial). Finalmente, el 24 de noviembre de 1859 se publicó la primera edición –de 1.250 ejemplares– de su libro *The Origin of Species by Means of Natural Selection, or the Preservation of Favoured Races in the Struggle for Life* (*Sobre el origen de las especies mediante la selección natural o la conservación de las razas privilegiadas en la lucha por la vida*), que se agotó en el mismo día de su lanzamiento.

Al partir desde Devenport ese 27 de diciembre de 1831, con apenas 22 años de edad, Darwin seguramente no imaginaba que las observaciones recogidas durante su travesía alrededor del mundo cambiarían radicalmente la forma de pensar las ciencias naturales. Como seguramente tampoco imaginó el joven capitán Robert Fitz-Roy, cuatro años mayor que Charles, que al aceptar a este joven como naturalista de a bordo (y compañero de camarote), se convertiría en el vehículo del hombre que revolucionaría los campos de las ciencias y dejaría una profunda huella –todavía hoy discutida– en cuestiones filosóficas y religiosas.

Fitz-Roy era dueño de una fuerte personalidad, casi opuesta a la de Darwin. Este descendiente ilegítimo de Carlos II, además de aristocrático, era un cristiano ferviente, lo cual ocasionaría constantes discusiones entre ellos, tanto en el barco como en las islas británicas.

La misión de Darwin como naturalista de a bordo (trabajo por el cual no obtenía ninguna paga), en el reducido espacio que le aportaba la mitad del camarote del capitán, era colectar, observar y leer todo aquello relacionado con las ciencias naturales que encontrara en el viaje.

Cuando llegaban a algún puerto importante, embarcaban hacia Inglaterra los especímenes colectados y preparados por Darwin, quien, a pesar de no contar con una formación estricta en las ciencias naturales, había aprendido técnicas de preparación de pieles e insectos y embalsamado de aves. Según su esquema de trabajo, dedicaba uno de cada dos días a la colección, y el otro lo repartía entre la clasificación, el rotulado, la preparación y la lectura.

Última foto tomada a Darwin.

Fitz-Roy no sólo no aceptó jamás las ideas de Darwin, sino que las combatió ferozmente, sobre todo cuando llegaron a Inglaterra.

El *Beagle* era un buque pequeño, por lo que su tripulación era reducida, lo cual afianzaba (y también degradaba) los lazos entre los compañeros de viaje. Darwin resultó especialmente admirado por sus compañeros, experimentados hombres de mar. Junto al resto de la tripulación viajaban tres fueguinos que Fitz-Roy había llevado a Inglaterra en un viaje anterior, con el fin de darles educación cristiana. En este viaje los fueguinos volvían a su tierra, llevando una serie de pertenencias occidentales, quizá con la esperanza de que adoctrinaran a los nativos y los hicieran más amistosos con los marineros ingleses que naufragaran o desembarcaran en el futuro en costas del extremo sur de América.

Las experiencias de Darwin en los cinco años de viaje alrededor del mundo se publicarían en forma de libro en 1839, con el nombre original de *A Naturalist's Voyage Round the World* (Viaje de un naturalista alrededor del mundo). Las observaciones y los comentarios recogidos en este tiempo abarcan las más diversas áreas: desde regionalismos, pasando por geología, paleontología, zoología, botánica y antropología, hasta política y derechos de los indígenas en las colonias y las recientemente formadas naciones (como Australia), que Darwin pudo observar en su más temprana infancia política y social.

Regionalismos y costumbres

Darwin se sintió profundamente impresionado por la cortesía y las costumbres –desde las sociales hasta las alimentarias– de los gauchos, y los consideró de mayor valía que los habitantes de las ciudades, como bien lo muestran los extractos siguientes:

Cuando un forastero se acerca a una casa, hay que guardar algunas ceremonias de etiqueta. Se pone al paso el caballo, se recita un Ave María, y no es cortés echar pie a tierra antes de que alguien salga de la casa y le diga que se apee; la respuesta estereotipada del propietario es: "Sin pecado concebida". Se entra en la casa entonces, y se habla de generalidades durante algunos minutos; luego se pide hospitalidad para aquella noche, lo cual se concede siempre, por supuesto. El forastero come con la familia y le dan un aposento, donde hace la cama con las mantas de su recado (o silla de las Pampas).(*)

Por fin puedo comprar un poco de galleta. Desde hace varios días no como más que carne; este nuevo régimen no me disgusta, pero me parece que sólo podría soportarlo a condición de hacer un ejercicio violento. He oído decir que en Inglaterra, enfermos a quienes se ordena una alimentación exclusivamente animal, apenas pueden decidirse a someterse a ella, ni aun con la esperanza de prolongar la vida. Sin embargo, los gauchos de la Pampa no comen sino vaca durante meses enteros. Pero he observado que toman una gran cantidad de grasa, que es de naturaleza menos animal y aborrecen particularmente la carne magra como la del agutí. El doctor Richardson ha notado también que "alimentándose por largo tiempo exclusivamente de carne magra, se experimenta un deseo tan irresistible de comer gordura, que se puede consumir una cantidad considerable hasta de grasa oleosa, sin sentir náuseas". Esto me parece un hecho fisiológico muy curioso. Quizá como consecuencia de su

---

(*) Estos textos de Darwin se incluyen a los efectos de ilustrar los aportes puntuales del naturalista inglés. Como la presente edición es una selección de textos del libro original, muchos de estos ejemplos no están incluidos en la presente edición.

dieta exclusivamente animal, es por lo que los gauchos, como todos los demás carnívoros, pueden abstenerse de alimentos durante mucho tiempo. Me han asegurado que en el Tandil unos soldados persiguieron voluntariamente a una tropa de indios por espacio de tres días, sin comer ni beber.

Los gauchos o campesinos son muy superiores a los habitantes de la ciudad. Invariablemente, el gaucho es muy servicial, muy cortés, muy hospitalario; nunca he visto un ejemplo de grosería o de inhospitalidad. Lleno de modestia cuando habla de sí mismo o de su país, al mismo tiempo es atrevido y valiente. Por otra, parte siempre se oye hablar de robos y homicidios; la costumbre de llevar cuchillo es la principal causa de estos últimos. Es deplorable pensar en el número de muertes causadas por insignificantes disputas. Cada uno de los combatientes trata de tocar al adversario en la cara, de cortarle la nariz o de arrancarle los ojos; prueba de ello, las horribles cicatrices que casi todos llevan. Los robos provienen naturalmente de las arraigadas costumbres de jugar y beber de los gauchos y de su indolencia suma. Una vez pregunté en Mercedes a dos hombres, con quienes me encontré, por qué no trabajaban. "Los días son demasiado largos", me respondió el uno; "soy demasiado pobre", me contestó el otro. Hay siempre un número de caballos tan grande y tal profusión de alimentos, que no se siente la necesidad de industria. Además, es incalculable el número de los días feriados; por último, una empresa no tiene ninguna probabilidad de buen éxito sino comenzándola en luna creciente; de suerte que estas dos causas hacen perder la mitad del mes.

Antropología

A lo largo de su obra, Darwin alterna conceptos elogiosos y admirativos con otros comparativos y discriminatorios sobre los distintos pueblos indígenas con los cuales va cruzándose durante el viaje. Ilustra además con pintorescos comentarios las personalidades de los tres fueguinos que Fitz-Roy había tomado en un viaje anterior para llevar a Inglaterra y ahora traía de vuelta a Tierra del Fuego. A pesar del prejuicioso espíritu victoriano de la época y el convencimiento de la superioridad racial de los hombres blancos (y además, ingleses), Darwin era sensible y se solidarizaba con los abusos y violaciones a los derechos humanos sufridos por los indios. Además, según propias palabras, aborrecía la esclavitud y deseaba que alguna vez los esclavos fueran independientes.

No me figuraba cuán enorme es la diferencia que separa al hombre salvaje del hombre civilizado; diferencia, en verdad, mayor que la que existe entre el animal silvestre y el doméstico; lo que se explica por ser susceptible el hombre de realizar mayores progresos. Nuestro principal interlocutor, un viejo, parecía ser el jefe de la familia; con él estaban tres valientes mocetones muy vigorosos y de una estatura de seis pies aproximadamente: habían retirado a las mujeres y a los niños. Estos fueguenses forman muy marcado contraste con la miserable y desmedrada raza que habita más al oeste y parecen próximos parientes de los famosos patagones del estrecho de Magallanes. Su único traje consiste en una capa hecha de la piel de un guanaco, con el pelo hacia afuera; se echan esta capa sobre los hombros y su persona queda así tan cubierta como desnuda. Su piel es de color rojo cobrizo sucio.

Todavía no he hablado de los fueguenses que teníamos a bordo. Durante el viaje anterior del Adventure *y del* Beagle, *de 1826 a 1830, tomó el capitán Fitz-Roy como rehenes cierto número de indígenas para castigarlos de haber robado un barco, lo que había producido graves dificultades a una patrulla ocupada en descubrimientos hidrográficos. Llevó el capitán algunos de estos individuos a Inglaterra, y además un niño que compró por un botón de nácar, con el propósito de darle alguna educación y enseñarle algunos principios religiosos a su costa. Establecer a estos indígenas en su patria era uno de los principales motivos que llevaron al capitán Fitz-Roy a la Tierra del Fuego. Antes que el Almirantazgo resolviera armar esta expedición había fletado el capitán un barco generosamente para devolver a los fueguenses a su país. Un misionero, R. Matthews, acompañaba a los indígenas; pero ha publicado Fitz-Roy un estudio tan completo acerca de estas gentes, que tendré que limitarme a muy breves observaciones. El capitán llevó primero a Inglaterra a dos hombres (de los cuales murió uno en Europa de sífilis), un joven y una muchacha: teníamos, pues, a bordo a York Minster, Jemmy Button (nombre que se le había dado para recordar el precio por él pagado) y Fuegia Basket. York Minster era un hombre de mediana edad, pequeño, grueso, muy fuerte; tenía el carácter taciturno, reservado, perezoso y muy violento cuando se encolerizaba; quería mucho a algunos de los de a bordo y su inteligencia estaba bastante desarrollada. Todo el mundo quería a Jemmy Button aun cuando también tenía violentos accesos de cólera. Era muy alegre, reía casi siempre y bastaba ver sus facciones para adivinar su excelente carácter. Experimentaba profunda simpatía por todo enfermo; cuando el mar estaba malo solía yo marearme y entonces se me acercaba diciéndome con voz doliente: "¡Pobre, pobre hombre!". Pero había navegado tanto, que en su opinión era ridículo que un hombre se marease, por lo cual muchas veces se volvía para ocultar una sonrisa o una carcajada, y luego repetía su "¡Pobre, pobre hombre!". Buen patriota, acostumbraba a hablar lo mejor posible de su tribu y de su país, donde había, decía él y decía la verdad, "una gran cantidad de árboles"; pero se burlaba de todas las demás tribus. Declaraba enfáticamente que en su pa-*

ís no había diablo. Jemmy era pequeño, fuerte y grueso, y muy coquetón: llevaba siempre guantes, se hacía cortar el pelo y sufría un gran disgusto cuando se le manchaban las botas muy bien embetunadas. Gustaba mucho de mirarse al espejo, lo que no tardó en conocer un pequeño indio muy burlón del río Negro que iba a bordo con nosotros desde hacía algunos meses y que acostumbraba a reírse de él. Muy celoso Jemmy de las atenciones que se le tenían a aquel muchacho, no lo quería nada y solía decir meneando gravemente la cabeza: "¡Demasiada alegría!". Cuando recuerdo todas sus buenas cualidades confieso que aún hoy experimento la más profunda extrañeza al pensar que pertenecía a la misma raza que los innobles y asquerosos salvajes que hemos visto en la Tierra del Fuego, y que probablemente tenía el mismo carácter que ellos. Fuegía Basket, por último, era una graciosa muchacha, modesta y reservada, de facciones bastante agradables, pero que a veces se oscurecían; aprendía todo muy pronto, y en particular los idiomas. Tuvimos buena prueba de esta facilidad admirable por la cantidad de español y portugués que aprendió en poco tiempo en Río de Janeiro y en Montevideo, y porque había llegado a saber inglés. York Minster se mostraba muy celoso de las atenciones que con ella se tenían, y era indudable que tenía intención de hacerla su mujer tan pronto como volviesen a su país.

Por más que no haya pasado sino tres años con hombres civilizados, no dudo de que nuestros tres fueguenses hubieran sido mucho más felices conservando nuestras costumbres, pero no era posible; hasta temo mucho que su visita a Europa no les haya sido perjudicial.

El español que me daba estos informes añadió que iba él mismo en persecución de un indio, el cual le pedía cuartel a la vez que trataba de soltar sus bolas a fin de herirle con ellas. "Pero de un sablazo lo hice caer del caballo; y echando yo también pie a tierra con presteza, le corté el pescuezo con mi cuchillo". Sin disputa, esas escenas son horribles. Pero, ¡cuánto más horrible es aún el hecho cierto de que se asesina a sangre fría a todas las mujeres indias que parecen tener más de veinte años de edad! Cuando protesté en nombre de la humanidad, me respondieron: "Sin embargo, ¿qué hemos de hacer? ¡Tienen tantos hijos esas salvajes!".

Historia

Las impresiones provenientes del viaje del *Beagle* constituyen también una excelente fuente histórica de primera mano de acontecimientos ocurridos en el Plata, además de dar una descripción de Buenos Aires y otras ciudades en desarrollo en esa época y ser un registro de algunos datos sobre la situación de las islas Malvinas. También ofrece un perfil de un importante personaje de la historia argentina, como el general Juan Manuel de Rosas, con quien Darwin tuvo un fugaz encuentro. El naturalista describe vívidamente las costumbres más evidentes de los habitantes de cada país o colonia que visita, a veces reflejando el estupor que le causan algunas cuestiones a su rígido espíritu victoriano inglés. Hace también algunas observaciones (y hasta predicciones) políticas sobre la inestabilidad de la región, situación que, a pesar de los años transcurridos, lamentablemente no ha cambiado.

El campamento del general Rosas está muy cerca de este río. Es un cuadrado formado por carretas, artillería, chozas de paja, etc. No hay más que caballería, y pienso que nunca se ha juntado un ejército que se parezca mas a una partida de bandoleros. Casi todos los hombres son de raza mezcla, casi todos tienen sangre negra, india, española, en las venas. No sé por qué, pero los hombres de tal origen, rara vez tienen buena catadura. Me presento al secretario del general para enseñarle mi pasaporte. Inmediatamente se pone a interrogarme del modo más altanero y misterioso. Por fortuna llevo encima una carta de recomendación que me ha dado el gobierno de Buenos Aires para el comandante de Patagones. Lleva esa carta al general Rosas, quien me envía un atentísimo mensaje, y el secretario viene en mi busca, pero esta vez muy cortés y muy cumplido. Vamos a aposentarnos al rancho o choza de un viejo español que había seguido a Napoleón en su expedición a Rusia.

El general Rosas expresó deseos de verme, circunstancia de la cual hube de felicitarme más tarde. Es un hombre de un carácter extraordinario, que ejerce la más profunda influencia sobre sus compatriotas, influencia que sin duda pondrá al servicio de su país para asegurar su prosperidad y su ventura. Se dice que posee 74 leguas cuadradas de terreno y unas 300.000 cabezas de ganado. Dirige admirablemente sus inmensas propiedades y cultiva mucho más trigo que todos los demás propietarios del país. Las leyes que ha hecho para sus propias estancias, un cuerpo de tropas (de varios centenares de hombres) que ha sabido disciplinar admirablemente de modo que resistieran los ataques de los indios: he aquí lo que ante todo hizo fijarse en él y que comenzara su celebridad. Se cuentan muchas anécdotas acerca de la rigidez con que hacía ejecutar sus mandatos. Véase una de esas anécdotas: había ordenado, bajo pena de ser atado a la picota, que nadie llevase cuchillo el domingo. En efecto, ese día es cuando se bebe y se juega más; de ahí resultan disputas que degeneran en peleas, en las cuales naturalmente representa su papel el cuchillo y que casi siempre acaban en ho-

micidios. Un domingo se presentó con gran ceremonial el gobernador para visitarlo; y el general Rosas, en su apresuramiento por ir a recibirlo, salió con el cuchillo al cinto como de costumbre. Su intendente lo tocó en el brazo y le recordó la ley. Volviéndose entonces inmediatamente el general hacia el gobernador, le dice que lo siente muchísimo, pero que tiene que abandonarlo para ir a hacer que lo aten a la picota y que ya no es dueño en su propia casa hasta que vayan a desatarlo. Poco tiempo después convencieron al intendente para que fuese a dejar en libertad a su jefe; pero apenas lo había hecho así, se volvió el general y le dijo: "Acaba Ud. de infringir a su vez la ley y tiene que ocupar mi puesto". Actos como ésos entusiasman a los gauchos, todos los cuales son en extremo celosos de su igualdad y de su dignidad.

Empleando estos medios, adoptando el traje y las maneras de los gauchos, es como el general Rosas ha adquirido una popularidad sin límites en el país y luego un poder despótico. Un comerciante inglés me ha asegurado que un hombre detenido por haber muerto a otro, cuando le interrogaron acerca del móvil de su crimen, respondió: "Lo he matado porque habló con insolencia del general Rosas". Al cabo de una semana pusieron en libertad al asesino. Quiero suponer que este sobreseimiento fue ordenado por los amigos del general y no por el mismo Rosas.

La ciudad de Buenos Aires es grande y una de las mas regulares, creo, que hay en el mundo. Todas las calles se cortan en ángulo recto; y hallándose a igual distancia unas de otras todas las calles paralelas, las casas forman cuadrados sólidos de iguales dimensiones, llamados cuadras. Las casas, cuyos aposentos dan todos a un patio pequeño muy bonito, no suelen tener más que un piso coronado por una azotea con asientos, donde los habitantes acostumbran a estar por el verano. En el centro de la ciudad está la plaza, alrededor de la cual se ven los edificios públicos, la fortaleza, la catedral, etc.; antes de la revolución, también estaba allí el palacio de los virreyes. El conjunto de esos edificios presenta magnífico golpe de vista, aun cuando ninguno de ellos tenga pretensiones de arquitectura bella.

El 1º de marzo de 1833 y el 16 del mismo mes de 1834, echa el ancla el Beagle en el estrecho de Berkeley, en la isla Falkland oriental. Este archipiélago está situado casi bajo la misma latitud que la embocadura del estrecho de Magallanes; cubre un espacio de 120 millas geográficas por 60: es, pues, la cuarta parte de grande que Irlanda. Francia, España e Inglaterra se han disputado mucho tiempo la posesión de estas miserables islas; después han quedado sin habitar. El gobierno de Buenos Aires se las ha vendido ahora a un particular, reservándose el derecho de trasladar allí a sus criminales, como antiguamente lo hacía España. Inglaterra hizo cierto día valer sus derechos y se apoderó de ellas. El inglés que quedó allí guardando la bandera fue asesinado. Se envió a un oficial inglés; pero sin que lo acompañaran fuerzas suficientes. A nuestra llegada lo encontramos a la cabeza de una población cuya mitad, al menos, se componía de rebeldes y asesinos.

Geología

Las abundantes observaciones geológicas efectuadas por Darwin durante todo el viaje dieron origen a otro libro, *Geological Observations on South America* (Observaciones geológicas sobre Sudamérica), publicado en 1846. Algunas, más allá del valor histórico, son aún de utilidad técnica. Aplicando las ideas gradualistas (al menos desde el punto de vista geológico) de su amigo C. Lyell, Darwin observa la lenta sucesión de los diferentes estratos que componen la corteza, haciendo extensiva la observación a las formas fósiles contenidas en ellos.

El país es miserable junto a la desembocadura del río Negro; por el lado sur del río comienza una larga línea de riberas escarpadas verticales, que presentan un corte de la naturaleza geológica de la comarca. Las diferentes capas se componen de gres superpuestos; hay, entre otras, una capa muy notable porque consta de trozos de piedra pómez cementados fuertemente y que deben de provenir de los Andes, situados a una distancia de más de 400 millas (640 kilómetros). La superficie del suelo está en todas partes cubierta por una espesa capa de guijarros que se extiende a lo lejos en la llanura. El agua es tan en extremo escasa, y salitrosa casi siempre. La vegetación es muy pobre; apenas se encuentran algunos matorrales, y todos ellos armados con punzantes espinas que parecen prohibir al extranjero la entrada en estas regiones inhospitalarias.

La geología de la Patagonia presenta un gran interés; al contrario que en Europa, donde las formaciones terciarias se acumulan en las bahías, encontramos aquí, en largas extensiones de cientos de millas de costa, un solo gran depósito que encierra extraordinario número de conchas terciarias de especies aparentemente extinguidas. La concha más común es una ostra inmensa, gigantesca, que adquiere a veces un pie de diámetro. Estas capas están cubiertas por otras formadas de piedra blanca, blanda, muy particular, que encierra mucho espejuelo y se parece a la creta, pero en realidad es de la naturaleza del pómez. Tiene esta piedra de notable que la décima parte por lo menos de su volumen se compone de infusorios. El profesor Ehremberg ha señalado ya diez formas oceánicas entre estos infusorios. Esta capa se extiende a lo largo de la costa en un espacio de 500 millas (800 kilómetros) por lo menos, y quizás es mucho más extensa. En el puerto San Julián adquiere un espesor de más de 800 pies. Se halla en toda su extensión cubierta por una masa de cantos rodados, que es quizá la capa más grande de guijarros que hay en el mundo. Se extiende, en efecto, a partir del río Colorado en un espacio de 600 a 700 millas náuticas hacia el sur; por las orillas del Santa Cruz (río que se encuentra un poco al sur de San Julián), toca los últimos contrafuertes de la cordillera; hacia el centro del curso de este río adquiere un espesor de más de 200 pies; se extiende probablemente por todo aquel espacio hasta la cadena de las cordilleras, de donde provienen los cantos rodados de pórfido. En resumen, podemos atribuirle una anchura media de 200 millas (320 kilómetros) y un espesor medio también de 50 pies (15 metros). Si se apilase esta inmensa capa de guijarros, prescindiendo del polvo que su frote ha debido producir, se formaría una gran cadena de montañas. Y cuando se considera que estos guijarros, tan innumerables como las arenas del desierto, proceden todos del lento desgastarse de las rocas que en lo antiguo acanalaban las orillas del mar y de los ríos; cuando se piensa que estos enormes fragmentos de rocas han tenido que romperse en pedazos más pequeños y cada uno de ello ha ido rodando lentamente hasta redondearse por completo, y ser transportado a una distancia considerable, espanta la idea del increíble número de años que han debido por necesidad transcurrir para que este trabajo se verifique. Pues todos estos cantos han sido transportados y redondeados después del depósito de las capas blancas en que se apoyan y mucho tiempo después de la formación de las capas inferiores que contienen las conchas pertenecientes a la época terciaria.

Zoología

Gran cantidad de las especies animales colectadas por Darwin en América fueron estudiadas en Europa, tanto por él mismo como por otros. En su libro, Darwin hace extensas descripciones de la fauna local, con observaciones sobre sus comportamientos. A partir de estas observaciones, comparó algunos componentes de la fauna con los fósiles que fue hallando, y encontró similitudes que reforzaron sus ideas de las sucesiones faunísticas, junto a la de no inmutabilidad de los organismos. En este punto, a causa de la curiosa "vaca ñata", Darwin hizo contacto epistolar con un importante personaje de la historia de las ciencias argentinas: Francisco J. Muñiz.

El país que recorremos al otro día es enteramente semejante al que habíamos recorrido la víspera. Muy pocas aves, muy pocos animales habitan en él. De vez en cuando se ve un ciervo o un guanaco (llama salvaje); pero el agutí (Cavia patagónica) es el más común de todos los cuadrúpedos. Este animal se asemeja a nuestra liebre, aun cuando difiere de este género en muchos caracteres esenciales; por ejemplo, no tiene más que tres dedos en las patas traseras. Adquiere también doble tamaño que la liebre, pues pesa de 20 a 25 libras. El agutí es el verdadero amigo del desierto; a cada instante vemos dos o tres de estos animales saltando uno tras otro a través de estas llanuras silvestres.

El género Furnarius *comprende varias especies, todas ellas de aves pequeñas, que viven en el suelo y habitan en los países secos y llanos. Su conformación no permite compararlas con ninguna otra especie europea. Los ornitólogos las han colocado generalmente en el número de las trepadoras aunque tienen costumbres casi en absoluto contrarias a las de los miembros de esta familia. La especie mejor conocida es el ave de horno, común del Plata, el "casara" o constructor de casas, de los españoles. Esta ave hace su nido (y de ahí toma el nombre) en los sitios más expuestos, por ejemplo: en la punta de una estaca, en un peñasco desnudo o en un cactus. Ese nido se compone de barro y trozos de paja, con unas paredes muy gruesas y muy sólidas; su forma es enteramente la misma de un horno o de una colmena achatada. La abertura del nido es ancha y en forma de bóveda; frente por frente de esa abertura, en el interior del nido, hay un tabique que sube casi hasta el techo, formando así un corredor o una antecámara que precede al mismo nido.*

Dos veces encontré en esta provincia bueyes pertenecientes a una raza muy curiosa, que llaman ñata o niata. Tienen con los demás bueyes casi las mismas relaciones que los buldogs o los gozquecillos tienen con los otros perros. Su frente es muy deprimida y muy ancha, el extremo de las narices está levantado, el labio superior se retira hacia atrás; la mandíbula inferior avanza más que la superior y se encorva también de abajo a arriba, de modo que siempre están enseñando los dientes. Las ventanas de la nariz, colocadas muy altas, están muy abiertas; los ojos se proyectan hacia adelante. Cuando andan, llevan muy baja la cabeza; el cuello es corto; las patas de atrás son un poco más largas de lo habitual, si se comparan con las de adelante. Sus dientes al descubierto, su corta cabeza y sus narices respingadas les dan un aire batallador lo más cómico posible.

Paleontología

Pocas evidencias de la evolución son tan contundentes como el registro fósil. La lenta acumulación de restos de organismos entre los sedimentos a lo largo del tiempo testifica de manera inconfundible tanto sucesiones de fauna y flora, como su lento cambio (gradual, según observó Darwin). Nuestros conocimientos actuales nos muestran sin embargo que los cambios evolutivos no operan siempre de manera muy lenta, sino que pueden ocurrir también de manera algo más abrupta.

Los organismos no aparecen de repente en la naturaleza, como diseñados o creados intencionalmente por alguna suerte de arquitecto, sino que surgen de manera gradual a partir de otros organismos, guiados, o más bien forzados, por mecanismos de selección natural que favorecen las formas mejor adaptadas a su entorno y de reproducción más exitosa. De la misma manera, los organismos tampoco persisten eternamente, sino que son reemplazados por otras formas mejor adaptadas a las cambiantes condiciones de la naturaleza.

Con toda seguridad, fueron las observaciones paleontológicas y geológicas (guiadas por la lectura de las obras de Lyell) las más influyentes cuestiones que alertaron a Darwin sobre los lentos cambios graduales de los organismos y su ambiente, y sobre las sucesivas extinciones y especiaciones, todo lo cual disparó sus ideas acerca de la selección natural.

En Punta Alta se ve un corte de una de esas pequeñas llanuras recién formadas, de sumo interés por el número y el carácter extraordinario de los restos de animales terrestres gigantescos allí sepultos. Esos restos han sido descritos detenidamente por el profesor Owen en la Zoología *del viaje del* Beagle, *y están depositados en el Museo del Colegio de Médicos. Por tanto, me limitaré a dar aquí una breve noticia de su naturaleza:*

1º. Trozos de tres cabezas y otros huesos de Megatherium *(el nombre de este animal basta para indicar sus inmensas dimensiones). 2º. El* Megalonyx, *enorme animal, perteneciente a la misma familia. 3º. El* Scelidotherium, *que también pertenece a esa misma familia, y del que hallé un esqueleto casi entero, que debió de ser casi tan grande como el rinoceronte, que (según Owen), por la estructura de la cabeza se aproxima al hormiguero del Cabo, pero desde otros puntos de vista se asemeja al armadillo. 4º. El* Mylodon darwini, *género muy próximo al del* Scelidotherium, *pero de tamaño un poco menor. 5º. Otro desdentado gigantesco. 6º. Un animal muy grande, con caparazón óseo de compartimientos, muy parecido al del armadillo. 7º. Una especie extinta de caballo, de la cual volveré a hablar luego. 8º. Un diente de un paquidermo, probablemente un* Macrauchenia, *inmenso animal de largo pescuezo como el camello, y del que también tendré que volver a hablar. 9º. Y último, el* Toxodon, *uno de los animales más extraños quizá que se hayan descubierto jamás. Por su tamaño, ese animal se parecía al elefante o al megaterio; pero la estructura de sus dientes (según afirma Owen), demuestra indudablemente que estaba muy próximo a los roedores, orden que hoy comprende los cuadrúpedos más pequeños, en bastantes puntos se asemeja también a los paquidermos; por último (a juzgar por la posición de sus ojos, orejas y narices), tenía probablemente costumbres acuáticas, como el Dugong y el Manato, a los cuales también se asemeja. ¡Cuán pasmoso es hallar estos diferentes órdenes, hoy tan bien separados, confundidos entonces en las diferentes partes de la organización del* Toxodon!

El tamaño de las osamentas de los animales megateroideos (incluyendo en ellos el Megatherium, *el* Scelidotherium, *el* Megalonyx *y el* Mylodon*) es realmente extraordinario. ¿Cómo vivían estos animales? ¿Cuáles eran sus costumbres? Verdaderos problemas para los naturalistas, hasta que por fin el profesor Owen los resolvió con sumo ingenio. Los dientes, por su sencilla conformación, indican que esos animales megateroideos se alimentaban de vegetales y probablemente comían las hojas y las ramitas de los árboles. Su mole colosal, sus uñas tan largas y tan fuertemente encorvadas parecen hacer tan difícil su locomoción terrestre, que algunos naturalistas eminentes hasta han llegado a pensar que llegaban a las hojas trepando por los árboles como los perezosos, grupo al cual se asemejan mucho. Pero ¿no es atrevido y aún más que irrazonable el pensar en unos árboles, por antediluvianos que fuesen, con ramas lo suficiente fuertes para soportar animales tan grandes como elefantes? El profesor Owen sostiene (lo cual es mucho más probable) que, en vez de trepar a los árboles, esos animales atraían hacia sí las ramas y desarraigaban los arbustos para alimentarse con sus hojas. Colocándonos en este punto de vista, es evidente que la anchura y el peso colosal del cuarto trasero de esos animales, que apenas se puede imaginar sin verlo, les restaban un gran servicio en lugar de molestarlos; en una palabra, desaparecería su pesadez. Fijando en el suelo con firmeza su cola robusta y sus inmensos talones, podían ejercitar libremente toda la fuerza de sus tremendos brazos y de sus garras poderosas. ¡Bien sólido hubiera sido menester que fuese el árbol capaz de resistir semejante presión! Además, el* Mylodon *poseía una larga lengua como la de la jirafa, lo cual y su largo cuello le permitían alcanzar el follaje más alto. Debo advertir de paso que en Abisinia (según Bruce) el elefante hace surcos profundos con los colmillos en el tronco del árbol cuyas ramas no logra arrancar, hasta debilitarlo lo suficiente para hacer que caiga rompiéndolo.*

Me detengo cinco días en Bajada y estudio la geología interesantísima de la comarca. Hay aquí, al pie de los cantiles, capas que contienen dientes de tiburón y conchas marinas de especies extintas; luego se pasa gradualmente a una marga dura y a la tierra arcillosa roja de las Pampas con sus concreciones calizas que contienen osamentas de cuadrúpedos terrestres. Este corte vertical indica claramente una gran bahía de agua salada pura, que poco a poco se ha convertido en un estuario fangoso en el cual eran acarreados por las aguas los cadáveres de los animales ahogados. En Punta Gorda (banda oriental) he visto que el sedimento de las Pampas alternaba con calizas que contienen algunas de las mismas conchas marinas extintas; lo cual prueba un cambio de dirección en las corrientes, o con más probabilidades, una oscilación en el nivel del fondo del antiguo estuario. El aspecto general de los sedimentos que forman las Pampas, su posición en la desembocadura del gran río de la Plata, la presencia de un número tan considerable de osamentas de cuadrúpedos terrestres: tales eran las principales razones en que me fundaba yo hasta hace poco para sostener que esos sedimentos se habían formado en un estuario. Pues bien, el profesor Ehrenberg ha tenido la bondad de examinar una muestra de la tierra roja que recogí en la parte inferior del sedimento, junto a los esqueletos de mastodonte: ha encontrado en ella varios infusorios pertenecientes en parte a especies de agua dulce, en parte a especies marinas; predominando un poco las primeras, deduce que el agua en que se formaron estos sedimentos debía de ser salobre. D'Orbigny ha encontrado en las orillas del Paraná, a 100 pies de altura, grandes capas conteniendo conchas propias de los estuarios y que habitan hoy un centenar de millas más cerca del mar; yo he encontrado conchas análogas a menos altura, en las orillas del Uruguay; prueba de que inmediatamente antes de que las Pampas sufrieran el levantamiento que las transformó en terreno seco, las aguas que las cubrían eran salobres. Por bajo de Buenos Aires hay capas de levantamiento que contienen conchas marinas pertenecientes a las especies que existen en la actualidad, lo cual prueba también que es preciso atribuir a un período reciente el levantamiento de las Pampas.

En el sedimento de las Pampas, junto a Bajada, he hallado el caparazón óseo de un animal gigantesco parecido al armadillo; cuando ese caparazón quedó limpio de la tierra que lo llenaba, se hubiera dicho que era un gran caldero. También he hallado en el mismo lugar dientes de Toxodon y de mastodonte y un diente de caballo, todos ellos teñidos del color del sedimento y cayéndose hechos polvo. Este diente de caballo me interesaba mucho, e hice las averiguaciones más minuciosas para convencerme bien de que había quedado sepulto en la misma época que los demás fósiles; ignoraba yo entonces que un diente análogo estaba escondido en la ganga de los fósiles que recogí en Bahía Blanca; tampoco sabía entonces que en la América del Norte se encuentran por todas partes restos de caballo. Mr. Lyell trajo últimamente de los Estados Unidos un diente de caballo. Tiene interés advertir que el profesor Owen no ha podido encontrar en ninguna especie fósil o reciente, una curva ligera pero muy extraña que caracteriza a ese diente, hasta que se le ocurrió compararlo con el mío; el profesor ha dado al caballo americano el nombre de Equus curvidens. *¿No es un hecho maravilloso en la historia de los mamíferos que un caballo indígena haya habitado en la América meridional, puesto que ha desaparecido para ser reemplazado más tarde por las innumerables hordas descendientes de algunos animales introducidos por los colonos españoles? La existencia en la América meridional de un caballo fósil, de mastodonte, quizá de un elefante y de un rumiante de cuernos huecos, descubierto por los señores Lund y Clausen en las cavernas del Brasil, constituye un hecho de mucho interés desde el punto de vista de la distribución de los animales. Si dividimos hoy la América, no por el istmo de Panamá, sino por la parte meridional de México, por bajo del grado 20 de latitud, donde la gran meseta presenta un obstáculo para la emigración de las especies, modificando el clima y formando (con excepción de algunos valles y de una zona de tierras bajas en la costa) una barrera casi infranqueable, tendremos las dos provincias zoológicas de América que tan vivamente contrastan una con otra. Sólo algunas especies han pasado esa barrera y pueden considerarse como emigrantes del sur, tales como el puma, el opossum, el kinkaju y el pecarí. La América meridional posee varios roedores particularmente, una familia de monos, el lama, el pecarí, el tapir, el opossum y, sobre todo, varios géneros de desdentados, orden que comprende a los perezosos, los hormigueros y los armadillos.*

Cerca del puerto San Julián en el lodo rojo que cubre la grava de la llanura, elevada 90 pies sobre el nivel del mar, he encontrado la mitad de un esqueleto de Macrauchenia patachonica, *notable cuadrúpedo, tan grande como un camello.* Pertenece al orden de los paquidermos, que comprende al Rhinoceros, *el tapir y el* Paleotherium; *pero por la estructura de los huesos del cuello, muy alargado, se parece mucho al camello o más bien al guanaco y la llama. En dos llanuras situadas detrás y más elevadas, se encuentran conchas marinas recientes. Estas llanuras han sido, por consiguiente, modeladas y levantadas antes de que se haya depositado el lodo en que se hallaba el* Macrauchenia; *es, por lo tanto, seguro que este curioso cuadrúpedo ha vivido mucho tiempo después que comenzaran las conchas actuales a habitar el mar próximo. Desde luego me sorprendió mucho encontrar un cuadrúpedo tan grande, y me preguntaba cómo había podido existir tan recientemente y subsistir en estas llanuras pedregosas, estériles, que apenas producen al-*

guna vegetación a 49º 15' de latitud; pero el indudable parentesco entre el Macrauchenia *y el guanaco que habita hoy los lugares más estériles de estas mismas llanuras dispensa casi de estudiar este lado de la cuestión.*

En los casos en que podemos atribuir al hombre la extinción de una especie, ora por completo, ora en una región determinada, sabemos que va siendo cada vez más rara antes de desaparecer del todo. Ahora bien; es difícil señalar diferencia sensible entre el modo de desaparición de una especie, ya la origine el hombre, ya el aumento de sus enemigos naturales. La prueba de que la rareza precede a la extinción se tiene de una manera indudable en las capas terciarias sucesivas; y así lo han hecho notar muchos y muy hábiles observadores. Frecuente es, en efecto, encontrar que una concha muy común en una capa terciaria es hoy muy rara, y tanto, que se la ha creído extinguida desde mucho tiempo atrás. Si, pues, como parece probado, las especies comienzan a ser raras y acaban por extinguirse –si el aumento demasiado rápido de cada especie, aun las más favorecidas, se detiene, como debemos admitirlo, aunque sea difícil decir cuándo y cómo– y si vemos, sin experimentar la menor sorpresa, aunque no podamos indicar su causa precisa, que una especie abunda mucho en una región, mientras que en la misma es rara otra especie íntimamente ligada con la primera, ¿por qué ha de extrañarse tanto que la rareza llegue, avanzando más, hasta la extinción? Un fenómeno que se verifica alrededor de nosotros sin que sea muy apreciable, puede llegar, sin duda, a mayor intensidad sin excitar nuestra atención. ¿A quién sorprenderá, por tanto, que se le diga que el Megalonyx *era en otro tiempo muy raro en comparación con el megaterio, o que una especie de monos fósiles no comprendía sino muy escaso número de individuos respecto de otras especies que viven en la actualidad? Y sin embargo, esta relativa rareza nos da la prueba más evidente de condiciones menos favorables a su existencia. Admitir que las especies se hacen por lo común raras antes de desaparecer, no extraña que una especie sea más rara que otra, y recurrir, no obstante, a algún agente extraordinario, y sorprenderse grandemente cuando una especie se extingue, es lo mismo que admitir que la enfermedad es en el hombre el preludio de la muerte, y sin extrañar que enferme, sorprenderse de que muera de otro modo que por muerte violenta.*

---

*El único cuadrúpedo indígena de la isla es un zorro grande parecido al lobo (*Canis antarcticus*); es muy común, tanto en la parte oriental como en la occidental de las islas Falkland. Creo que ésta es, sin duda, una especie particular exclusiva de este archipiélago, porque muchos pescadores de focas, muchos gauchos y no pocos indios que han visitado estas islas me han* *asegurado a una que no se encuentra animal semejante en ninguna parte de la América meridional. Molina, fundándose en una semejanza de costumbres, creyó que este animal era análogo a su* Culpen.

Sobre las enfermedades de Darwin

Darwin fue un hombre muy enfermo, sobre todo luego de regresar de su viaje, condición que lo acompañó hasta su muerte, a los 73 años. Mucho se ha hablado del tema, incluso se ha considerado que sus enfermedades eran psicosomáticas, y hasta se lo ha considerado un hipocondríaco.

A decir verdad, si se lee atentamente el diario del viaje, se puede ver que todos sus síntomas manifiestan una grave insuficiencia cardíaca, producida por lo que hoy conocemos como enfermedad de Chagas. Esta dolencia, muy común en toda Sudamérica, es causada por un microorganismo y transmitida por las chinches del género *Triatoma*, con las que Darwin tuvo contacto en su travesía.

Atravesamos el Luján, río de importancia, aunque no se conozca sino imperfectamente su curso hasta la costa; pues se ignora si al cabo desaparece por evaporación al atravesar las llanuras. Pasamos la noche en Luján, villa rodeada de jardines y límite meridional de las tierras cultivadas en la provincia de Mendoza. Durante esta noche tengo que sostener una lucha, y no es exageración, contra una benchuca (vinchuca), especie de Reduvio, la gran chinche negra de las Pampas. ¡Qué disgusto se experimenta al sentir un insecto blando, que tiene cerca de una pulgada de largo, corretear por nuestro cuerpo! Antes de chupar es el animal enteramente plano; pero a medida que absorbe la sangre, se redondea, y en este estado se le estruja con mucha facilidad. Una de esas chinches que cogí yo en Iquique, pues también las hay en Chile y en el Perú, estaba por completo vacía. Colocado sobre una mesa y rodeado de gente este audaz insecto, si se le presenta el dedo, se lanza inmediatamente, y como se lo deje, comienza a chupar. La picadura no causa dolor; es muy curioso ver su cuerpo henchirse de sangre; en menos de diez minutos, de plano que era se cambia en redondo. Esta comida, que uno de los oficiales del buque tuvo la bondad de ofrecerle a la benchuca, le permitió conservar una excelente salud durante cuatro meses enteros; pero a los quince días estaba ya dispuesta para hacer una segunda comida.

Como el lector habrá apreciado, a lo largo de este prólogo sólo se ha presentado una pequeña muestra de los temas tratados por Darwin como resultado de su maravilloso viaje, muestra que sirve para dar una idea de su diversidad e interés. Dejemos, entonces, que el propio Darwin sea quien cuente la historia.

DIARIO DE LA PATAGONIA(*)

Tras su paso por Colonia del Sacramento, donde repara en el valor de las estancias y de los rebaños para los lugareños, se detiene a analizar alguna raza de bueyes que le llama la atención y la conducta de los perros pastores. Luego pasa por el río de la Plata, para finalmente partir hacia la Patagonia el 6 de diciembre de 1833.

Puerto Deseado. Guanaco. Puerto San Julián. Geología de la Patagonia. Animal fósil gigantesco. Tipos constantes de organización. Modificaciones en la zoología de América. Causas de extinción.

6 de diciembre. – El *Beagle* abandona el río de la Plata. Ya no hemos de volver a entrar en este río fangoso. Nos dirigimos a Puerto Deseado, en las costas de Patagonia. Antes de proseguir, voy a consignar aquí algunas observaciones hechas en el mar.

Varias veces, cuando nuestro buque estaba a algunas millas de distancia de la desembocadura del río de la Plata o mar adentro a lo largo de las costas de la Patagonia septentrional, nos vimos rodeados de insectos. Cierta tarde, a unas diez millas de la bahía de San Blas, vimos bandadas o enjambres de mariposas en infinito número, que se extendían tan lejos cuanto podía alcanzar la vista; ni aun con el telescopio era posible descubrir un solo punto en que no hubiera mariposas. Los marineros gritaban "nievan mariposas"; tal era, en efecto, el aspecto que el cielo presentaba. Estos animales pertenecían a varias especies, siendo, no obstante, la mayor parte muy parecida a la especie inglesa común, *Colias edusa*, sin ser idéntica a ésta. Algunos himenópteros acompañaban a estas mariposas, y al lado de nuestro buque cayó un hermoso escarabajo (un *Calosoma*). Hay ejemplos varios de haberse cogido este escarabajo muy lejos en alta mar,

---

(*) Nota del editor: Los nombres con los que Darwin identifica especies y géneros no necesariamente coinciden con la nomenclatura actual.

lo que es tanto más de extrañar cuanto es raro en la mayor parte de los carábidos que se sirvan de las alas. El día había sido muy hermoso y muy tranquilo; también la víspera había hecho buen tiempo, con poco viento y sin dirección muy marcada. No podíamos suponer que estos insectos hubieran sido arrastrados de la tierra por el viento, y había que admitir que la abandonaron por su voluntad. Desde luego me parecieron estas bandadas de coliadas ejemplo de una de esas grandes emigraciones que realiza otra mariposa, el *Vanessa cardin*; pero la presencia de otros insectos hacía el caso presente más notable y menos comprensible aún. Una brisa fuerte del norte se levantó antes de la puesta del sol y debió causar la muerte de millares de estas mariposas y otros insectos.

En otra ocasión dejé de arrastrar una red en la estela del barco para recoger animales marinos a lo largo del cabo Corrientes. Al levantar la red, encontré con gran sorpresa un considerable número de escarabajos, y que, aun en plena mar, parecían haber sufrido poco con su permanencia en el agua salada. Algunos de los ejemplares recogidos entonces los he perdido; pero los que conservo pertenecen a los géneros *Colimbetes*, *Hidroporus*, *Hidrobius* (dos especies), *Notaphus*, *Cinncus*, *Adimonia* y *Scaraboeis*. En un principio pensé que estos insectos habrían sido lanzados al mar por el viento; pero reflexionando en que de las ocho especies había cuatro acuáticas y dos que lo eran en parte, me pareció más probable que hubieran sido arrastradas por un pequeño torrente que como desagüe de un lago vierte en el mar cerca del cabo Corrientes. Siempre es muy interesante encontrar insectos vivos nadando en alta mar a 17 millas (27 kilómetros) de la costa más próxima. Varias veces se ha hecho notar que el viento ha arrastrado a algunos insectos a las costas de la Patagonia. El capitán Cook ha observado este hecho, y después de él el capitán King lo hizo constar a su vez a bordo del *Adventure*. Débese, sin duda, este fenómeno a lo desprovisto que este país se encuentra de todo abrigo, de árboles o de colinas; y es fácil comprender que un insecto que revolotea en la llanura sea arrastrado por una racha de viento que sople hacia el mar. El caso más notable de captura de un insecto en el mar, que yo he tenido ocasión de observar, se me presentó en el *Beagle*, hallándonos en dirección de las islas de Cabo Verde, y cuando la tierra más próxima no expuesta a la acción directa de los vientos alisios era el Cabo Blanco, en la costa de África, a 370 millas (295 kilómetros) de distancia, que vino a caer a bordo una gruesa langosta (*Acridium*)[1].

Cuando el *Beagle* se encontraba en la desembocadura del Plata, observé varias veces que los mástiles y las cuerdas se cubrían de hilos de la Virgen. Un día (el 1 de noviembre de 1832) me ocupaba con toda atención de este fenómeno. El tiempo desde hacía algunos días estaba hermoso y despejado, y por la mañana estaba llena la atmósfera de esas telas o vedijas, como en los mejores días de otoño sucede en Inglaterra. El barco se encontraba entonces a 60 millas (96 kilómetros) de la tierra en la dirección de una brisa constante, aunque muy ligera. Estos hilos de la Virgen sostenían un gran número de arañas pequeñas o de color oscuro y como de un décimo de pulgada de longitud. Debería haber muchos millares de ellas sobre el buque. En el momento del contacto con la arboladura descansaba la arañita siempre sobre un solo hilo, y nunca sobre la vedija o masa coposa, masa al parecer producida por un entrecruzamiento de hilos diferentes. Todas estas arañas pertenecían a la misma especie; las había de los dos sexos, y algunas jóvenes; siendo estas últimas más pequeñas y de color más oscuro. No daré la descripción de esta araña, contentándome con hacer constar que no me parecía hallarse comprendida en el número de los géneros descritos por Latreille. En cuanto llegaba el pequeño aeronauta, se ponía a trabajar, corriendo en todas direcciones, descolgándose a lo largo de un hilo y subiendo por el mismo camino; otras veces se ocupaban en construir una telilla muy irregular entre las cuerdas del barco. Esta araña corre con facilidad por la superficie del agua. Si se la hostiliza, levanta las dos patas delanteras en actitud de atender. Al llegar, parece siempre muy alterada, y bebe con avidez las gotas de agua que logra encontrar. Strack ha observado el mismo fenómeno. ¿Será porque este insecto acaba de atravesar una atmósfera sumamente seca y enrarecida? Su reserva de hilo parece inagotable. He observado que el más ligero soplo de aire basta para arrastrar horizontalmente las que están suspendidas de un hilo. En otra ocasión (el 25) he observado con atención la misma especie de arañita; y cuando se la coloca sobre una ligera eminencia, o ella se eleva hasta un punto análogo, levanta el abdomen, deja escapar un hilo e inmediatamente comienza a bogar horizontalmente con una rapidez vertiginosa. He creído notar que antes de prepararse como acabo de indicarlo, se une las patas con hilos casi imperceptibles; pero no estoy seguro de que esta observación sea exacta.

Un día en Santa Fe pude observar mejor hechos análogos. Una araña que tendría próximamente tres décimos de pulgada de longitud, y muy parecida a una *Citigrada*, se posó en la parte superior de ese poste; de improviso hiló cuatro o cinco hilos que brillaban al sol y parecían rayos de luz divergentes, pero no rectos, sino más bien anudados, como hebras de seda agitadas por el viento. Estos hilos tenían cerca de un metro de longitud y se elevaban alrededor de la araña, que de repente abandonó el poste, siendo muy pronto arrastrada hasta perderse de vista. Hacía mucho calor y la atmósfera parecía estar en completa calma, aunque el aire no puede nunca estar en tan absoluto reposo que no ejerza acción sobre un tejido tan delicado como un hilo de araña. Si durante un día caluroso se observa la sombra de un objeto proyectada sobre una eminencia, o si en una llanura se fija la atención sobre un objeto distante, se nota casi siempre que hay una corriente de aire caliente que se dirige de abajo a arriba; como lo prueban las burbujas o bolas de jabón, que no se elevan en las habitaciones. No es, por tanto, muy difícil comprender que los hilos de araña tiendan a elevarse y que la araña misma acabe por ser arrastrada también.

En cuanto a la divergencia de los hilos, creo que Mr. Murray ha tratado de explicarla por su estado eléctrico semejante. Yo he encontrado en varias ocasiones arañas de la misma especie, pero de edad y sexo diferentes, adheridas en gran número a las cuerdas del buque a gran distancia de tierra, lo que tiende a probar que la costumbre de viajar por el aire caracteriza a esta especie como la del sumergimiento caracteriza al *Argironetes*. Podemos, pues, desechar la suposición de Latreille, que dice que los hilos de la Virgen deben su origen indistintamente a los animales jóvenes de varios géneros de arañas; por más que, como hemos visto, otras arañas jóvenes posean la facultad de realizar viajes aéreos.

Durante nuestras varias travesías al sur del Plata dejaba yo con mucha frecuencia en la estela del buque una red de cáñamo, que me permitió recoger algunos animales curiosos. De este modo recogí algunos crustáceos muy notables pertenecientes a géneros no descritos. Uno de estos crustáceos, relacionado bajo ciertos puntos de vista a los *Notopoda* (cangrejos que tienen las patas posteriores casi en el dorso, lo que les permite adherirse a la superficie inferior de las rocas), es muy notable por la estructura de dichas patas. La penúltima pieza, en lugar de terminar en una simple pinza, se compone de tres apéndices de desigual longitud, que parecen cerdas: el más largo de estos apéndices lo es tanto como toda la pata. Las pinzas son sumamente delgadas y armadas de dientes muy finos dirigidos hacia atrás; su extremidad encorvada es aplanada, y en la parte plana lleva cinco cupulitas o elevaciones diminutas que parecen gozar de las mismas propiedades que las ventosas de los tentáculos de la jibia. Como este animal vive en alta mar y experimenta probablemente la necesidad del descanso, supongo que esta admirable conformación, aunque muy anormal, le permite adherirse al cuerpo de otros animales marinos.

Los seres vivos se encuentran en muy pequeño número en las aguas profundas lejos de la tierra; al sur del grado 35 de latitud, no he podido nunca coger más que algunos béroes y ciertas especies de crustáceos entomostráceos muy pequeños. En los puntos en que hay menos profundidad, se encuentran a algunas millas de la costa gran número de crustáceos de diferentes especies y ciertos otros animales, pero sólo durante la noche. Entre los 56º y los 57º de latitud, al sur del cabo de Hornos, dejaba colgando las redes algunas veces, sin lograr obtener sino muy raros ejemplares de especies pequeñísimas de entomostráceos. Y, sin embargo, en toda esta parte del océano abundan las ballenas, las focas, los petreles y los albatros. Yo me he preguntado siempre, sin haber podido nunca resolver el problema, de qué puede vivir el albatros que frecuenta parajes tan apartados de las costas. Presumo que, como el cóndor, puede ayunar mucho tiempo, y que una buena comida, hecha sobre el cadáver en descomposición de una ballena, le basta para varios días. Las partes centrales e intertropicales del océano Atlántico rebosan de pterópodos, de crustáceos y de zoófitos; también abundan de modo extraordinario los animales que les hacen encarnizada guerra: peces voladores, bonitos y albicores; supongo que los numerosos animales marítimos inferiores se nutrirán de infusorios, que, como nos enseñan las investigaciones de Ehremberg, abundan en el océano, pero ¿de qué se nutrirán esos infusorios en este agua azul tan clara y tan límpida?

Un poco al sur del Plata, en una noche muy oscura presentó el mar de improviso un espectáculo extraño y admirable. Soplaba la brisa con gran violencia, y la cresta de las olas que durante el día se ve romper en espuma, emitía en aquel momento una espléndida luz pálida. La proa del barco levantaba dos olas de fósforo líquido, y su ruta se perdía en el horizonte en una línea de fuego.

En cuanto espacio alcanzaba la vista resplandecían las olas, y su reverberación era tal, que el cielo nos parecía inflamado en el horizonte, contrastando esa luz con la oscuridad que sobre nuestras cabezas reinaba.

A medida que se avanza hacia el sur se encuentra cada vez menos la fosforescencia del mar. A lo largo del cabo de Hornos no he observado este fenómeno más que una vez sola y estaba lejos de ser muy brillante, lo que probablemente se debe al escaso número de seres orgánicos que habitan esta parte del océano. Después de la tan completa Memoria del Ehremberg sobre la fosforescencia del mar es casi inútil que yo haga nuevas indicaciones a este propósito. Puedo añadir, sin embargo, que las mismas porciones desgarradas e irregulares de materia gelatinosa descritas por Ehremberg, parecen originar este fenómeno lo mismo en el hemisferio austral que en el boreal. Estas partículas son lo bastante pequeñas para poder pasar por un tamiz muy tupido; pero muchas de ellas se distinguen con facilidad a simple vista. El agua recogida en un vaso da algunos destellos cuando se la agita; pero una pequeña cantidad colocada en un cristal de reloj rara vez suele ser luminosa.

Ehremberg hace constar que estas partículas conservan cierto grado de irritabilidad. Mis observaciones, hechas en su mayor parte con agua tornada directamente en el mar fosforescente, me han conducido a una conclusión distinta; y puedo añadir también que habiendo tenido ocasión de servirme de una red mientras que el mar fosforecía, la dejé en parte, y al usarla de nuevo a la noche siguiente noté que emitía tanta luz al sumergirla en el agua como en el momento en que la extraía el día anterior. No me parece probable, en este caso, que las partículas gelatinosas hayan podido permanecer tanto tiempo vivas. Recuerdo también haber conservado en el agua hasta su muerte un pez del género *Dianoea*; y este agua se tornó entonces luminosa. Cuando las olas emiten una brillante luz verde, creo que la fosforescencia se debe por lo general a la presencia de pequeños crustáceos; pero no puede ponerse en duda que otros muchos animales marinos son fosforescentes durante su vida.

Dos veces he tenido ocasión de observar fosforescencias procedentes de grandes profundidades bajo la superficie del mar. Cerca de la desembocadura del Plata he visto algunas manchas circulares y ovales de dos a cuatro metros de diámetro con bordes definidos y que emitían una luz pálida pero continua, mientras que el agua circundante no daba sino algunos destellos. El aspecto general de estas manchas recordaba mucho la reflexión de la luna o de otro cuerpo luminoso, porque las ondulaciones de la superficie hacían los bordes sinuosos. El buque, que calaba trece pies, pasó por encima de estos puntos brillantes sin alterarlos en lo más mínimo. Debemos, pues, suponer que a mayor profundidad de la que alcanzaba la quilla del barco se había reunido cierto número de animales.

Cerca de Fernando Noronha he visto emitir al mar verdaderos relámpagos. Hubiera podido decirse que un gran pez nadaba rápidamente en medio de un fluido luminoso.

Los marineros atribuyen, en efecto, esos relámpagos a esta causa; pero desde luego no pudo satisfacerme esta explicación a causa del número y de la rapidez de los centelleos. Ya he asegurado que este fenómeno se produce con mucha mayor frecuencia en los países cálidos que en los fríos; y he pensado que una perturbación eléctrica considerable en la atmósfera favorecía mucho su producción. Creo en verdad que el mar es más luminoso después que el tiempo permanece algunos días seguidos en calma; siendo indudable que durante esas calmas nadan en la superficie mayor número de animales. El agua cargada de partículas gelatinosas se encuentra en estado de impureza y se produce el aspecto luminoso en todos los casos ordinarios por la agitación del fluido en contacto con la atmósfera; me inclino mucho a creer que la fosforescencia es el resultado de la descomposición de las partículas orgánicas, procedimiento (tentado estoy casi a darle el nombre de respiración) que purifica el océano.

23 de diciembre. – Llegamos a Puerto Deseado, en la costa de la Patagonia, a los 47º de latitud. La bahía, de anchura muy variable, penetra a unas veinte millas en el interior de las tierras. Ancla el *Beagle* a algunas millas de la entrada de la bahía frente a las ruinas de un antiguo establecimiento español.

Salto inmediatamente en tierra. Desembarcar por primera vez en un país tiene siempre un interés muy vivo, y mucho más cuando, como sucede aquí, presenta el paisaje caracteres especiales y muy marcados. A la altura de 200 a 300 pies, sobre algunas masas de pórfido, se extiende una llanura inmensa, carácter particular de la Patagonia. Esta llanura es perfectamente plana, y su superficie se compone de cantos rodados mezclados con una tierra blancuzca. De trecho en trecho, manchones de hierba parda y coriácea, y algunos, aunque pocos, arbustillos espinosos. El clima es seco y agradable, y rara vez oscurecido por las nubes el hermoso cielo azul. Cuando nos encontramos en medio de una de estas llanuras desiertas y miramos hacia el interior del país, limitan nuestra vista las desigualdades de otra planicie un poco más elevada; pero todo es también llano, todo árido y desolado. En todas las demás direcciones parece que la mirada se levanta de la superficie recalentada y el horizonte resulta confuso.

No se necesita mucho tiempo para decidir el destino del establecimiento español en un país como éste. La sequedad del clima durante la mayor parte del año, los frecuentes ataques de los indios nómadas, obligaron pronto a los colonos a abandonar los edificios que habían comenzado a construir. Sin embargo, lo que todavía queda muestra cuán espléndida y fuerte era en lo antiguo la mano de España. Todas las tentativas hechas para colonizar esta costa de América al sur del 41º de latitud, han sido estériles. El solo nombre de Puerto del Hambre basta para indicar cuáles debieron ser los sufrimientos de unos cuantos centenares de desgraciados, de los cuales no quedó más que un solo individuo para contar sus infortunios. En otro lugar de las costas de Patagonia, la bahía de San José, se empezó otro establecimiento. Un domingo atacaron los indios a los colonos, asesinándolos a todos excepto dos que conservaron en cautiverio durante muchos años. Yo tuve ocasión de hablar con uno de estos dos hombres, ya entonces muy viejo, durante mi estancia en río Negro.

La fauna de la Patagonia es tan limitada como su flora[2]. Sobre aquellas áridas llanuras pueden verse algunos escarabajos negros (heteromeros) errar perezosamente de acá para allá; de cuando en cuando aparece también algún lagarto. En representación de las aves hay tres especies de buitres, y en los valles varias especies de insectívoros. Con frecuencia se encuentran, en los puntos más desiertos, un tántalo (*Thevisticus melanops*) perteneciente a una especie que se dice existir en el África central; en el estómago de este tántalo he encontrado langostas, cicadas, pequeños lagartos y hasta escorpiones[3]. En cierta época del año se reúnen estos pájaros en bandos, en otras van por parejas; su grito es muy singular y se parece al relincho del guanaco.

El guanaco o llama silvestre es el cuadrúpedo característico de las llanuras de la Patagonia. Representa en la América meridional al camello de Oriente. En estado natural, con su cuello largo y sus flacas piernas es el guanaco un animal muy esbelto. Es muy común en todos los lugares templados del continente y se extiende hacia el sur hasta las islas inmediatas al cabo de Hornos. Vive por lo general en pequeños rebaños formados de seis a treinta individuos; por más que a orillas del Santa Cruz hemos visto uno que debía componerse por lo menos de quinientos.

En general, estos animales son muy salvajes y recelosos. Me ha contado Mr. Stokes que con auxilio de un anteojo vio un día un rebaño de guanacos que sin duda habían tenido miedo de él y de sus compañeros y que a todo correr se alejaban, aunque la distancia era tal que no permitía distinguirlos a simple vista. El cazador no se da cuenta de su presencia sino oyendo a larga distancia su particular grito de alarma, y si entonces mira con atención a su alrededor verá probablemente el rebaño dispuesto en línea en la falda de una colina lejana. Si se aproxima a ellos lanzan todavía algunos gritos y ganan una de las colinas próximas por un sendero estrecho tornando un trote que parece lento pero que en realidad es muy rápido. Sin embargo, cuando por casualidad encuentra un cazador de improviso un guanaco solo o varios reunidos se detienen por lo común, lo miran con profunda atención, se alejan algunos metros y luego se vuelven para examinarlo de nuevo. ¿Cuál es la causa de esta diferencia de timidez? ¿Será que a larga distancia toman al hombre por su principal enemigo el puma; o podrá más en ellos la curiosidad que la timidez? Es un hecho indudable que los guanacos son muy curiosos; si por ejemplo se tiende uno en el suelo y da sacudidas o zapatetas, levanta las piernas y las agita en el aire o cosa parecida, se aproximan casi siempre para ver qué puede ser aquello. Nuestros cazadores recurren con frecuencia a este artificio que siempre les ha dado resultados; y que tiene además la ventaja de permitir disparar varios tiros que consideran sin duda los animales como obligado acompañamiento de la representación. Más de una vez he visto en las montañas de la Tierra del Fuego, no sólo relinchar y gritar al guanaco cuando nos aproximamos a él, sino hasta botar y saltar de la manera más ridícula, como si quisiera presentar batalla. Es fácil domesticar estos animales, y yo los he visto en la Patagonia septentrional que se conservaban en gran número como animales domésticos y no huían, aun cuando no se los encerrase. En ocasiones se vuelven muy fieros y atacan al hombre a coces. Se asegura que el motivo de estos ataques es un vivo sentimiento de celos que experimentan por sus hembras. Por el contrario, los guanacos salvajes no parecen tener la misma idea de defensa, y basta un perro para detener al más corpulento de estos animales hasta que el cazador tiene tiempo de llegar. Bajo muchos aspectos se asemejan sus costumbres a las de los carneros; así, cuando ven aproximarse en diferentes direcciones varios hombres a caballo se aturden y no saben ya por qué lado escapar. Los indios que indudablemente han observado mucho a estos animales conocen bien esta costumbre, puesto que han basado en ella su sistema de caza: los rodean y los empujan hacia un punto central.

Los guanacos se lanzan a nado con gran facilidad: en puerto Valdés hemos visto repetidas veces a algunos pasar de una a otra isla. Byron dice, en su *Viaje*, que los ha visto beber agua salada. Algunos de los oficiales del *Beagle* han observado también que un rebaño de guanacos se aproximaba a unas salinas cerca del cabo Blanco para beber el agua salobre; también creo yo que en algunos puntos del país se pasarían sin beber si no bebieran agua salada. Durante el día se los ve muchas veces revolcarse en el suelo, en unos hoyos que afectan la forma de una bandeja. Los machos se entregan a combates terribles; un día pasaron dos muy cerca de mí sin advertir mi presencia, ocupados como iban en morderse y lanzando gritos ensordecedores; la mayor parte de los que hemos cazado presentaban numerosas cicatrices. Algunas veces parece que un rebaño hace un viaje de exploración. En Bahía Blanca, donde en un radio de 30 millas a partir de la costa, son muy raros estos animales, he encontrado un día rastros de treinta o cuarenta que habían venido en línea recta hasta un charquillo donde había agua salada cenagosa.

Advirtiendo, sin duda, entonces que se aproximaban al mar, y con toda la regularidad de un regimiento de caballería se alejaron, siguiendo un camino tan derecho como el que habían tomado al venir. Tienen los guanacos una costumbre singular que no he podido explicarme: durante varios días seguidos van a depositar sus excrementos a un punto determinado y siempre el mismo. He visto una de estas masas estercóreas que tenía ocho pies de diámetro, formando un montón considerable. Según M. A. d'Orbigny todas las especies del género tienen la misma costumbre, que ha sido preciosa para los indios del Perú que empleaban esta materia como combustible, sin tener que tomarse el trabajo de reunirla.

Los guanacos se encariñan al parecer con ciertos lugares para irse a morir. En las orillas del Santa Cruz, en ciertos puntos aislados, cubiertos de monte por lo general y siempre situados cerca del río, desaparece enteramente el terreno bajo las osamentas allí acumuladas. He contado hasta veinte cabezas en un solo punto; y habiendo examinado los huesos que en aquel sitio encontré, no estaban roídos ni rotos como otros que había visto dispersos en otras partes, lo que demuestra no haber sido reunidos por animales carniceros, sino que en la mayor parte de los casos los guanacos se habían arrastrado hasta aquellos puntos para ir a morir en medio de aquellos matorrales. Mr. Bynde me asegura que ha hecho idéntica observación en un viaje por las riberas del río Gallegos. No comprendo cuál sea la causa de esta costumbre; pero he observado que en los alrededores del Santa Cruz, todos los guanacos heridos se dirigen siempre hacia el río. En Santiago, en las islas de Cabo Verde, recuerdo haber visto, en el apartado rincón de una barranca, un montón de osamentas de cabras. Al contemplar aquel espectáculo exclamamos todos: "¡Éste es el cementerio de todas las cabras de la isla!". Recuerdo esta circunstancia, insignificante al parecer, porque puede explicar en cierto modo la presencia de una gran cantidad de osamentas en una caverna, o de masas de huesos bajo un depósito de aluvión; y también explica cómo es que ciertos animales se encuentran con más frecuencia que otros sepultados en los depósitos de sedimento.

Un día expidió el capitán una lancha, al mando de Mr. Chaffers, con provisiones para tres días, con objeto de reconocer la parte superior del puerto. Comenzamos por buscar ciertos manantiales de agua dulce indicados en una antigua carta española. Encontramos un puertezuelo en cuyo vértice corría un arroyito de agua salobre. El estado de la marca nos obligó a permanecer allí algunas horas, y yo aproveché este tiempo para dar un paseo por el interior de las tierras. El llano se componía, como de ordinario, de cantos rodados mezclados con una tierra que presentaba todo el aspecto de la creta, pero de naturaleza muy diferente. La poca dureza de estos materiales determina la formación de numerosos barrancos. En todo el paisaje no hay más que soledad y desolación; no se ve un solo árbol, y salvo algún guanaco que parece hacer la guardia, centinela vigilante, sobre el vértice de alguna colina, apenas si se ve ningún animal ni un pájaro; y sin embargo, se siente como un placer intenso, aunque no bien definido, al atravesar estas llanuras donde ni un solo objeto atrae nuestras miradas, y nos preguntamos: ¿Desde cuándo existirá así esta llanura? ¿Cuánto tiempo durará aún esta desolación?

¿Quién puede responder? Todo lo que hoy nos rodea parece eterno. Y no obstante, el desierto hace oír voces misteriosas que evocan dudas terribles.

Por la tarde avanzamos algunas millas más arriba y dispusimos las tiendas para la noche. En la mañana del día siguiente se detenía la lancha por la escasa profundidad del agua, que era casi dulce; y Mr. Chaffers mandó armar los remos para elevarnos todavía dos o tres millas. Allí volvimos a estancarnos, pero esta vez en agua dulce, cenagosa; y aunque aquello no fuese más que un simple arroyo, era difícil explicar su origen de otro modo que por la fusión de las nieves en la cordillera. En el punto en que establecimos nuestro vivac, estábamos rodeados por elevados cantiles e inmensas rocas de pórfido. No creo haber visto en mi vida lugar más aislado del resto del mundo que esta grieta rocosa en medio de tan dilatada llanura.

Al día siguiente de nuestro regreso a bordo del *Beagle* fui con varios oficiales a reconocer una antigua tumba india que había descubierto en la cúspide de una colina próxima. Dos inmensos bloques de piedra, que pesarían por lo menos dos toneladas cada uno, habían sido colocados delante de un saliente de la roca, que tendría próximamente seis pies de elevación. En el fondo de la tumba, y sobre la roca había una capa de tierra como de un pie de espesor, tierra que deberían haber traído del llano. Por encima de esta capa de tierra, una especie de embaldosado hecho de piedras planas sobre las cuales habían apilado una gran cantidad de piedras corno para llenar el espacio comprendido entre el reborde de la roca y los dos grandes bloques. Y por último, para completar el monumento, habían desprendido los indios del saliente de la roca un fragmento considerable que descansaba sobre los dos bloques. Reconocimos esta tumba sin lograr encontrar en ella ni huesos ni otro resto alguno. Los huesos deberían haberse pulverizado desde hacía mucho tiempo, en cuyo caso sería la tumba muy antigua; porque yo he encontrado en otro punto montones de piedras más pequeñas, debajo de las cuales he descubierto algunos fragmentos de huesos que todavía pude reconocer como pertenecientes a un hombre. Falconer refiere que se entierra al indio allí donde muere; pero que más adelante sus parientes recogen con cuidado los huesos para depositarlos a orillas del mar sea cual fuere la distancia que para esto haya que recorrer. Se comprende, creo, esta costumbre recordando que antes de la introducción de los caballos, deberían llevar estos indios el mismo género de vida que los actuales habitantes de Tierra del Fuego, y, por consiguiente, que vivirían por lo común en las costas. El prejuicio común de que ha de irse a descansar allí donde reposan los antepasados hace que los indios nómadas lleven todavía las partes menos perecederas de sus muertos a sus antiguos cementerios al lado de la costa.

9 de enero de 1834. – El *Beagle* echa el ancla, antes que se haga la noche en el hermoso y extenso puerto de San Julián, situado a unas 110 millas al sur de puerto Deseado; y allí permanecimos ocho días. El país se parece mucho a los alrededores de puerto Deseado; quizá es todavía más estéril. Un día acompañamos al capitán Fitz-Roy en un largo paseo alrededor de la bahía. Once horas anduvimos sin encontrar una sola gota de agua, por lo que algunos de nuestros compañeros estaban ya extenuados. Desde el vértice de una colina (que desde entonces hemos llamado con razón la colina de la sed), descubrimos un hermoso lago, y dos de nosotros nos dirigimos a él, después de convenir en algunas señales para hacer venir a los demás, si era el lago de agua dulce. ¡Cuál no sería nuestro desencanto al encontrarnos ante un inmenso espacio cubierto de sal, blanca como la nieve y cristalizada en inmensos cubos! Atribuimos nuestra excesiva sed a la sequedad de la atmósfera, pero cualquiera que fuese la causa, ello es que nos considerarnos muy felices al volver a nuestras embarcaciones aquella noche. Aunque nosotros no encontramos en toda nuestra excursión gota de agua dulce, debe, sin embargo, haberla; porque por una singular casualidad, he encontrado en la superficie del agua salada, cerca de un extremo de la bahía, un *Colimbetes* que no estaba enteramente muerto y que debía haber vivido en un estanque poco distante. Otros tres insectos (una *Cincindela*, parecida a la híbrida; un *Cimindis* y un *Harpalus*, que todos viven en pantanos cubiertos de vez en cuando por el mar), y uno muerto encontrado en el llano completan la lista de los escarabajos que he hallado en estos parajes. En considerable número existe una mosca bastante grande (*Tabanus*), que no dejó de atormentarnos, y cuya picadura es muy dolorosa. La moscarda, que tan desagradable es en los caminos sombríos de Inglaterra, pertenece al mismo género que ésta. Y aquí se presenta el enigma que tan frecuente es al tratar de múscidos: ¿de la sangre de qué animales se alimentan de ordinario estos insectos? En los alrededores del puerto San Julián, casi el único animal de sangre caliente es el guanaco, y puede decirse que es muy raro en comparación con la multitud innumerable de las moscas.

La geología de la Patagonia presenta un gran interés; al contrario que en Europa, donde las formaciones terciarias se acumulan en las bahías, encontramos aquí, en largas extensiones de cientos de millas de costa, un solo gran depósito que encierra extraordinario número de conchas terciarias de especies aparentemente extinguidas. La concha más común es una ostra inmensa, gigantesca, que adquiere a veces un pie de diámetro. Estas capas están cubiertas por otras formadas de piedra blanca, blanda, muy particular, que encierra mucho espejuelo y se parece a la creta, pero en realidad es de la naturaleza del pómez. Tiene esta piedra de notable que la décima parte por lo menos de su volumen se compone de infusorios. El profesor Ehremberg ha señalado ya diez formas oceánicas entre estos infusorios. Esta capa se extiende a lo largo de la costa en un espacio de 500 millas (800 kilómetros) por lo menos, y quizás es mucho más extensa. En el puerto San Julián adquiere un espesor de más de 800 pies. Se halla en toda su extensión cubierta por una masa de cantos rodados, que es quizá la capa más grande de guijarros que hay en el mundo. Se extiende, en efecto, a partir del río Colorado en un espacio de 600 a 700 millas náuticas hacia el sur; por las orillas del Santa Cruz (río que se encuentra un poco al sur de San Julián), toca los últimos contrafuertes de la cordillera; hacia el centro del curso de este río adquiere un espesor de más de 200 pies; se extiende probablemente por todo aquel espacio hasta la cadena de las cordilleras, de donde provienen los cantos rodados de pórfido. En resumen, podemos atribuirle una anchura media de 200 millas (320 kilómetros) y un espesor medio también de 50 pies (15 metros). Si se apilase esta inmensa capa de guijarros, prescindiendo del polvo que su frote ha debido producir, se formaría una gran cadena de montañas. Y cuando se considera que estos guijarros, tan innumerables como las arenas del desierto, proceden todos del lento desgastarse de las rocas que en lo antiguo acanalaban las orillas del mar y de los ríos; cuando se piensa que estos enormes fragmentos de rocas han tenido que romperse en pedazos más pequeños y cada uno de ellos ha ido rodando lentamente hasta redondearse por completo, y ser transportado a una distancia considerable, espanta la idea del increíble número de años que han debido por necesidad transcurrir para que este trabajo se verifique. Pues todos estos cantos han sido transportados y redondeados después del depósito de las capas blancas en que se apoyan y mucho tiempo después de la formación de las capas inferiores que contienen las conchas pertenecientes a la época terciaria.

En este continente meridional todo se verifica en gran escala. Desde el río de la Plata hasta la Tierra del Fuego, una distancia de 1.200 millas (1.930 kilómetros) se han levantado las tierras en masa (y en la Patagonia a una altura de 300 a 400 pies) durante el período de las conchas marinas actuales. Las conchas antiguas que quedaron en la superficie de la llanura levantada conservan todavía en parte sus colores, aun estando expuestas a la acción de la atmósfera. Ocho largos períodos de reposo al menos, han interrumpido este movimiento de elevación; durante estos períodos ha arrastrado el mar las tierras profundamente y formado a niveles sucesivos largas líneas de cantiles o escarpaduras, que separan las diferentes planicies que se elevan unas tras otras como las gradas de una escalera gigantesca. El movimiento de elevación y la irrupción del mar durante los períodos de reposo se han verificado con mucha igualdad en inmensas extensiones de costa; me ha sorprendido mucho observar, en efecto, que las planicies se encontraban a alturas casi iguales, en puntos muy distantes entre sí. La llanura más baja se encuentra a 90 pies sobre el nivel del mar, y la más alta, a corta distancia de la costa, a 950 pies sobre dicho nivel. De esta última planicie no quedan más que algunos restos bajo la forma de colinas de vértices planos, cubiertos de cantos rodados. La llanura más alta, en las orillas del Santa Cruz alcanza una elevación de 3.000 pies sobre el nivel del mar al pie de la cordillera. He dicho que en el período de las conchas marinas actuales se había elevado la Patagonia de 300 a 400 pies; y puedo añadir que desde la época en que las montañas de hielo transportaban piedras, ha llegado la elevación hasta 1.500 pies. Por lo demás, estos movimientos de elevación no han afectado sólo a la Patagonia. Las conchas terciarias extinguidas del puerto de San Julián y de las orillas del Santa Cruz, no han podido vivir, si hemos de creer al profesor E. Forbes, sino en el agua a la profundidad variable de 40 a 250 pies. Y como están cubiertas por un depósito marino que varía entre 800 y 1.000 pies de espesor, resulta que el lecho del mar en que vivían antes estas conchas ha debido deprimirse varios cientos de pies para que haya podido formarse el depósito superior. ¡Qué inmensas revoluciones geológicas pueden leerse en esta sencillísima costa de la Patagonia!

Cerca del puerto San Julián[4] en el lodo rojo que cubre la grava de la llanura, elevada 90 pies sobre el nivel del mar, he encontrado la mitad de un esqueleto de *Macrauchenia patachonica*, notable cuadrúpedo, tan grande como un camello. Pertenece al orden de los paquidermos, que comprende al *Rhinoceros*, el tapir y el *Paleotherium*; pero por la estructura

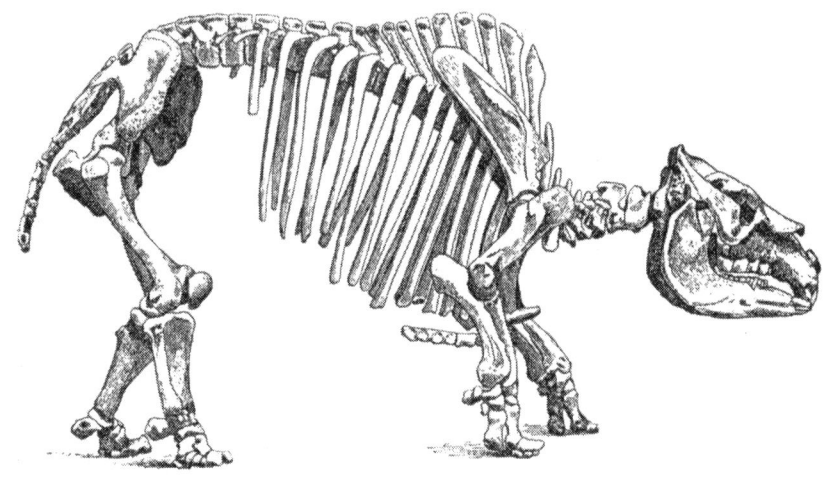

ESQUELETO DE TOXODONTE SEGÚN OWEN.

de los huesos del cuello, muy alargado, se parece mucho al camello o más bien al guanaco y la llama. En dos llanuras situadas detrás y más elevadas, se encuentran conchas marinas recientes. Estas llanuras han sido, por consiguiente, modeladas y levantadas antes de que se haya depositado el lodo en que se hallaba el *Macrauchenia*; es, por lo tanto, seguro que este curioso cuadrúpedo ha vivido mucho tiempo después que comenzaran las conchas actuales a habitar el mar próximo. Desde luego me sorprendió mucho encontrar un cuadrúpedo tan grande, y me preguntaba cómo había podido existir tan recientemente y subsistir en estas llanuras pedregosas, estériles, que apenas producen alguna vegetación a 49º 15' de latitud; pero el indudable parentesco entre el *Macrauchenia* y el guanaco que habita hoy los lugares más estériles de estas mismas llanuras dispensa casi de estudiar este lado de la cuestión.

El parentesco, aunque distante, que existe entre el *Macrauchenia* y el guanaco, entre el *Toxodon* y el capibara, el más inmediato entre los numerosos desdentados extinguidos, y los perezosos, hormigueros y armadillos actuales, que de tan marcada manera caracterizan la zoología de la América meridional, y el todavía más próximo que existe entre las especies fósiles y las vivas de *Ctenomys* y de *Hydrochoerus*, son hechos muy interesantes. La gran colección, procedente de las cavernas del Brasil que trajeron a Europa últimamente los señores Lund y Clausen prueba de un modo admirable este parentesco, tan notable como el que existe entre los

Reconstrucción en vida de toxodonte (dibujo de Pablo V. Teta).

marsupiales fósiles y los que viven en la Australia. Los 32 géneros de cuadrúpedos terrestres que ocupan hoy el país en que se encuentran las cavernas, excepto cuatro, están representados por especies extinguidas en la colección citada. Las especies extinguidas son, por otra parte, mucho más numerosas que las actuales; hay muchos ejemplares fósiles de hormigueros, tapires, pecarís, guanacos, didelfos, roedores, monos y otros animales. Este extraño parentesco, en el mismo continente, entre los muertos y los vivos, no dudo que ha de dar muy pronto mucha más luz que otra clase alguna de fenómenos al problema de aparición y desaparición de los seres organizados sobre los cambios de la tierra.

Imposible es reflexionar sobre los cambios que se han verificado en el continente americano sin sentir la más profunda admiración. Este continente ha debido vomitar en lo antiguo monstruos inmensos; hoy no encontramos más que pigmeos, si comparamos los animales que lo habitan a las razas madres extinguidas. Si Buffón hubiera conocido la existencia del perezoso gigantesco, de los animales colosales parecidos al armadillo y de los paquidermos desaparecidos, hubiera podido decir con mayores apariencias de verdad que la fuerza creadora había perdido su potencia en América, en vez de decir que nunca había tenido allí gran vigor. El mayor número de estos cuadrúpedos extinguidos, si no todos, vivían en época reciente, puesto que eran contemporáneos de las conchas marinas de hoy. Desde esa época no ha podido producirse ningún cambio de consideración en la configuración de las tierras. ¿Cuál es, pues, la causa de la desaparición de tantas especies y hasta de géneros enteros? A nuestro pesar, hay que creer sin remedio en alguna gran catástrofe capaz de destruir de tal manera todos los animales, grandes y pequeños, de la Patagonia meridional, del Brasil, de la cordillera, del Perú y de la América del Norte hasta el estrecho de Behring, que hubiera conmovido seguramente nuestro globo en sus fundamentos. No obstante, el estudio de la geología de la Plata y de la Patagonia nos permite afirmar que todas las formas que afectan las tierras provienen de cambios lentos y graduales. Por el carácter de los fósiles de Europa, Asia, Australia y las dos Américas parece que las condiciones que favorecen la existencia de los grandes cuadrúpedos existían recientemente en todo el mundo. Cuáles sean estas condiciones, es lo que hasta ahora nadie ha determinado. Casi no puede pretenderse que sea un cambio de temperatura lo que haya destruido hacia la misma época los habitantes de las latitudes tropicales, templadas y árticas de las dos partes del globo. Las investigaciones de Mr. Lyell nos enseñan de un modo positivo que en la América septentrional, los grandes cuadrúpedos han vivido después del período durante el cual los hielos transportaban bloques de roca a latitudes en que las montañas de hielo no existen hoy. Razones concluyentes, aunque indirectas, nos permiten afirmar que en el hemisferio meridional vivía también el *Macrauchenia* en una época muy posterior a la de los grandes transportes por los hielos. ¿Ha destruido el hombre, como ha querido hacerse creer, al inmenso megaterio y a los otros desdentados, después de haber penetrado en la América meridional? Por lo menos hay que atribuir a otra causa la destrucción del pequeño tucutuco en Bahía Blanca y la de los numerosos ratones fósiles y otros pequeños cuadrúpedos del Brasil. Nadie se atrevería a sostener que una sequía, aún más terrible que las que tantos estragos causan en las provincias de la Plata, haya podido traer la destrucción de todos los individuos, de todas las especies desde la Patagonia meridional hasta el estrecho de Behring. ¿Cómo explicar la extinción del caballo? Han faltado los pastos en esas llanuras recorridas por millones de caballos descendientes de los animales importados por los españoles? ¿Han acaparado las especies nuevamente introducidas el alimento de las grandes razas anteriores? ¿Podemos creer que el *capibara* haya monopolizado los alimentos del *Toxodon*, el guanaco de los *Macrauchenia*, los pequeños desdentados actuales, los de sus numerosos prototipos gigantescos? No hay de seguro, en la larga historia del mundo, fenómeno más extraño que las inmensas exterminaciones, tan a menudo repetidas, de sus habitantes.

Si examinamos, no obstante, este problema bajo otro punto de vista, parecerá tal vez menos oscuro. Olvidamos demasiado lo poco que conocemos las condiciones de existencia de cada animal; no pensamos que algún freno trabaja constantemente para impedir la multiplicación demasiado rápida de todos los seres organizados que viven en estado natural. Por término medio, la cantidad de alimento permanece constante, la propagación de los animales tiende, por el contrario, a establecerse en proporción geométrica. Pueden demostrarse los sorprendentes efectos de esta rapidez de propagación por lo que sucede con los animales europeos que han recobrado la vida salvaje en América. Todo animal en estado natural se reproduce con regularidad; y sin embargo, en una especie fijada por largo tiempo, se hace necesariamente imposible un *gran* crecimiento en número, y es preciso que obre un freno de esta o de la otra manera. Es, sin embargo, muy raro que podamos decir, con certeza, hablando de tal o cual especie, en qué período de la vida, o en qué época del año, o en qué intervalos, cortos o largos, comienza a obrar este freno o cuál es su verdadera naturaleza. De aquí proviene, sin duda, que tan poco nos sorprende el ver que de dos especies muy semejantes por sus costumbres sea una muy rara y la otra abundante en la misma región, o que una especie abunda en una región, y otra que ocupa la misma posición en la economía de la naturaleza abunda en una región próxima que difiere muy poco por sus condiciones generales. Si se pregunta la causa de estas modificaciones, inmediatamente se contesta que provienen de ligeras diferencias en el clima, en la alimentación o en el número de enemigos. Pero rara vez podemos, aun admitiendo que podamos alguna, indicar la causa precisa y el modo de acción del freno. Estamos, pues, obligados a confesar que causas que de ordinario escapan a nuestros medios de apreciación determinan la abundancia o la rareza de una especie cualquiera.

En los casos en que podemos atribuir al hombre la extinción de una especie, ora por completo, ora en una región determinada, sabemos que va siendo cada vez más rara antes de desaparecer del todo. Ahora bien; es difícil señalar diferencia sensible entre el modo de desaparición de una especie, ya la origine el hombre, ya el aumento de sus enemigos naturales. La prueba de que la rareza precede a la extinción se tiene de una manera indudable en las capas terciarias sucesivas; y así lo han hecho notar muchos y muy hábiles observadores. Frecuente es, en efecto, encontrar que una concha muy común en una capa terciaria es hoy muy rara, y tanto, que se la ha creído extinguida desde mucho tiempo atrás. Si, pues, como parece probado, las especies comienzan a ser raras y acaban por extinguirse –si el aumento demasiado rápido de cada especie, aun las más favorecidas, se detiene, como debemos admitirlo, aunque sea difícil decir cuándo y cómo– y si vemos, sin experimentar la menor sorpresa, aunque no podamos indicar su causa precisa, que una especie abunda mucho en una región, mientras que en la misma es rara otra especie íntimamente ligada con la primera, ¿por qué ha de extrañarse tanto que la rareza llegue, avanzando más, hasta la extinción? Un fenómeno que se verifica alrededor nuestro sin que sea muy apreciable, puede llegar, sin duda, a mayor intensidad sin excitar nuestra atención. ¿A quién sorprenderá, por tanto, que se le diga que el *Megalonyx* era en otro tiempo muy raro en comparación con el megaterio, o que una especie de monos fósiles no comprendía sino muy escaso número de individuos respecto de otras especies que viven en la actualidad? Y sin embargo, esta relativa rareza nos da la prueba más evidente de condiciones menos favorables a su existencia. Admitir que las especies se hacen por lo común raras antes de desaparecer, no extraña que una especie sea más rara que otra, y recurrir, no obstante, a algún agente extraordinario, y sorprenderse grandemente cuando una especie se extingue, es lo mismo que admitir que la enfermedad es en el hombre el preludio de la muerte, y sin extrañar que enferme, sorprenderse de que muera de otro modo que por muerte violenta.

El Santa Cruz. Expedición por el curso superior del río. Indios. Inmensas corrientes de cavas basálticas. Fragmentos no transportados por el río. Excavaciones del valle. Costumbres del cóndor. La cordillera. Bloques erráticos gigantescos. Ruinas indias. Vuelta al barco. Las islas Falkland. Caballos salvajes, toros, conejos. Zorro parecido al lobo. Fuego conservado con huesos. Modo de cazar el ganado salvaje. Geología. Acarreos de piedras. Escenas de violencia. Pájaro bobo. Ocas. Huevos de los pólipos. Animales compuestos.

El Santa Cruz, la Patagonia y las islas Falkland

13 de abril de 1834. – El *Beagle* echa el ancla en la desembocadura del Santa Cruz. Este río desagua en el mar a unas 60 millas al sur del puerto San Julián.

Durante su último viaje lo había remontado el capitán Stokes en una extensión de cerca de treinta millas; pero la falta de provisiones lo obligó a retroceder. No se conocía de este río más que lo descubierto en la excursión de que acabo de hablar. El capitán Fitz-Roy se resuelve a penetrar todo lo que el tiempo permitiese, y partimos el 18 en tres balleneras llevando provisiones para tres semanas. Componíase nuestra expedición de 25 hombres, fuerza suficiente para desafiar a un ejército de indios. La marea ascendente nos arrastró muy pronto; el tiempo estaba bueno e hicimos una larga etapa; no tardamos en beber agua dulce del río, y por la tarde nos encontramos donde ya no se dejaba sentir la marea.

En este punto toma el río el aspecto y la anchura que conserva casi sin diferencia hasta el extremo de nuestro viaje. La anchura media es de 300 a 400 metros, y la profundidad, en el centro, 17 pies.

DIBUJO DEL ZORRO QUE HABITABA LAS ISLAS MALVINAS.

Uno de los caracteres más notables de este río es la constante rapidez de la corriente, que oscila entre cuatro y seis nudos por hora. El agua tiene un hermoso color azul, aunque con ligero tinte lechoso, y no es tan transparente como se cree a primera vista. Forman el lecho cantos rodados como los de las orillas y las llanuras inmediatas. Describe numerosas inflexiones en un valle que se extiende en línea recta hacia el oeste, y que tiene de cinco a diez millas de anchura; limitándolo terrazas que se elevan comúnmente por grados, unas sobre otras, hasta la altura de 500 pies, coincidiendo marcadamente en los dos lados del valle.

19 de abril. – No hay que pensar en hacer uso de la vela, ni de los remos, contra una corriente tan rápida. Se sujetan, pues, los tres barcos en fila, uno tras otro, y quedan dos hombres a las bandas de cada uno, mientras el resto del equipaje echa pie a tierra para remolcar las tres embarcaciones. En dos palabras voy a describir el sistema ideado por el capitán Fitz-Roy, porque es excelente para facilitar el trabajo de todos y en el que todos toman parte. Divide nuestra expedición en dos escuadras, de las que cada una remolca alternativamente los barcos durante hora y media. Los oficiales de cada barco acompañan a su equipaje; toman parte en las comidas de su gente y disfrutan del mismo trato; cada barco es, pues, independiente de los demás. Al ponerse el sol nos detenemos en el primer punto llano cubierto de monte y se establece el vivac para la noche. Un hombre de cada tripulación llena a su vez las funciones de cocinero. Cuando se han amarrado los barcos frente al lugar en que se decide vivaquear, el cocinero enciende lumbre; otros dos arman la tienda; el contramaestre saca de los barcos los efectos necesarios para la noche, y los hombres los transportan a las tiendas mientras que los otros reúnen leña. Todo está tan bien ordenado que en media hora queda dispuesto cuanto se necesita para pasar la noche. Dormimos todos bajo la vigilancia de un oficial y de dos hombres encargados de custodiar las embarcaciones, alimentar el fuego y vigilar a los indios. Cada hombre de la marinería debe velar una hora por noche.

En este día nuestros progresos han sido lentos, porque el río está interceptado por islas cubiertas de espinosos matorrales y los brazos de agua intermedios son poco profundos.

20 de abril. – Pasamos de estas islas y avanzamos con más libertad. No hacemos, por término medio, más de 10 millas por día a vista de pájaro, lo que representa de 15 a 20 millas de camino, y eso a costa de grandes fatigas. A pesar del punto en que hemos vivaqueado la noche anterior, el país se convierte en una *tierra incógnita*; porque éste es el lugar en que el capitán Stokes se detuvo.

Percibimos a lo lejos una gran humareda y encontramos el esqueleto de un caballo, signo cierto de que los indios están cerca. A la mañana siguiente observamos en el suelo los rastros de una cabalgata y las impresiones producidas por los chuzos o lanzones que los indios suelen arrastrar con frecuencia, de lo que deducimos que habían venido a observarnos durante la noche. Poco después, llegamos a un sitio en el que las huellas recientes del paso de hombres, niños y caballos demostraba que los naturales habían pasado el río.

22 de abril. – El paisaje sigue presentando el mismo escaso interés. La semejanza absoluta de los productos en toda la Patagonia constituye uno de los caracteres más salientes de este país. Las llanuras guijarrosas, áridas, llevan siempre las mismas plantas desmedradas; en todos los valles crecen los mismos matorrales espinosos. Por doquiera vemos los mismos pájaros, iguales insectos. Apenas si un tinte verde más marcado dibuja las orillas del río y de los límpidos arroyuelos que vienen a verterse en su seno. La esterilidad se extiende como verdadera maldición sobre todo este país, y hasta la misma agua, corriendo por un lecho de guijarros, parece participar de esta maldición. Hay también muy pocas aves acuáticas; pero ¿qué alimento podrían encontrar en estas aguas que no dan vida a nada? Por pobre que sea la Patagonia bajo ciertos puntos de vista puede, sin embargo, vanagloriarse de poseer mayor número de pequeños roedores que ningún otro país del mundo. Varias especies de ratones hay con orejas grandes y preciosas pieles. Entre los espinos que crecen en los valles se encuentran cantidades inmensas de estos animalitos que durante meses enteros han de contentarse con el rocío por toda bebida, porque no hay una sola gota de agua. Todos parecen ser caníbales, puesto que en cuanto caía uno en mis trampas los otros se lanzaban a devorarlo. Un zorro pequeño de formas delicadas, que es muy abundante, se nutre sin duda de estos animalillos exclusivamente. Ésta es también la verdadera habitación del guanaco; a cada paso veía rebaños de cincuenta a cien individuos, y, como ya he dicho, he visto uno que no tendría menos de quinientas cabezas. El puma caza y come de estos animales y es escoltado a su vez por el cóndor y por los buitres. Muy a menudo observaba las huellas del puma en las orillas del río y con no menos frecuencia esqueletos de guanacos, con el cuello dislocado y los huesos rotos; lo que indicaba, sin posibilidad de error, el género de muerte que habían tenido.

24 de abril. – Como los antiguos navegantes cuando se aproximaban a una tierra desconocida, examinamos, observamos los menores detalles que pueden indicar un cambio. Experimentamos tanta alegría al encontrar un trozo de árbol aislado o un bloc errático desprendido de la roca primitiva como si viésemos un bosque al cruzar las cumbres de la cordillera. Pero el signo que más promete es una espesa capa de nubes que permanece casi constantemente en un mismo punto. Este signo debía, en efecto, traer consigo grandes promesas, como más tarde hemos podido convencernos de ello; pero, por lo pronto, habíamos tomado las nubes por la cúspide de la montaña misma, y no por masas de vapores condensadas alrededor de su vértice helado.

26 de abril. – Observamos hoy un cambio notable en la estructura geológica de las llanuras. Desde nuestra salida había examinado con atención la grava del río, y durante los dos últimos días, noté la presencia de algunos guijarros formados de basalto muy celular. Estos fragmentos aumentaron en número y volumen, aunque ninguno llegó al tamaño de la cabeza de un hombre. Esta mañana aparecen sin embargo, piedras de la misma especie y mayor tamaño que de improviso se hacen más abundantes, y al cabo de media hora observamos a cinco o seis millas de distancia el rincón angular de una gran plataforma de basalto. En la base de esta plataforma borbotea el río sobre los bloques caídos en su lecho. En el espacio de 28 millas se encuentra el río lleno de estas masas basálticas. Por debajo de este punto se encuentran, también en gran número, inmensos fragmentos de rocas primitivas pertenecientes a la formación errática. Ningún fragmento de tamaño considerable ha sido arrastrado a más de tres o cuatro millas por la corriente del río. Ahora bien, considerando la velocidad extraordinaria del gran volumen de agua que corre por el Santa Cruz; considerando que en ningún punto se produce remanso alguno, se tiene un ejemplo fehaciente del escaso poder de los ríos para acarrear fragmentos de mediano tamaño.

El basalto es pura y simplemente lava que ha corrido bajo el mar; pero han debido producirse las erupciones en gran escala. En efecto, en el punto en que primero hemos observado esta formación tiene 120 pies de espesor. ¡Cuál no será el grueso de esta capa en la cordillera! No tengo ningún dato que me permita decirlo, pero la plataforma alcanza allí una altura aproximada de 3.000 pies sobre el nivel del mar. Por consiguiente, debemos buscar el origen de esta capa en las montañas de esta gran cadena; y bien dignos son de tal origen estos torrentes de lava que han corrido a una distancia de 100 millas sobre el lecho tan poco inclinado del mar. No hay más que echar una ojeada sobre los cantiles de basalto de los dos lados opuestos del valle para convencerse de que en otro tiempo no debieron ser más que un solo bloque. ¿Cuál es el agente que ha arrastrado a una distancia tan excesivamente larga una masa sólida de roca tan dura, y con un espesor de 300 pies y en una anchura que varía de poco menos de dos hasta cuatro millas? Por más que el río tenga tan poca potencia cuando se trata de acarrear fragmentos, aunque sean de poco volumen, hubiera podido ejercer en el transcurso de los tiempos una erosión gradual; efecto cuya importancia sería difícil de determinar. Pero en el caso que nos ocupa, además del poco alcance de un agente de esta naturaleza, podría darse una serie de excelentes razones para sostener que un brazo de mar ha atravesado en otras épocas este valle. Sería superfluo en esta obra detallar los argumentos que inducen a esta conclusión, sacados de la forma y de la naturaleza de los terrenos, que afectan la disposición de gigantescas escaleras y que ocupan los dos lados del valle; de la manera como el fondo de éste se extiende en una llanura en forma de bahía cerca de los Andes, llanura entrecortada por colinas de arena, y de algunas conchas marinas que se encuentran en el lecho del río. Si no tuviera limitado el espacio de que puedo disponer, demostraría que en otro tiempo atravesaba la América meridional en este punto un estrecho parecido al de Magallanes, y que, como éste, unía el océano Atlántico al océano Pacífico. Pero no por eso dejaremos de preguntar: ¿Cómo ha sido arrastrado el basalto sólido? Los antiguos geólogos hubieran llamado en su auxilio la acción violenta de alguna espantosa catástrofe; pero tal suposición, en este caso, sería inadmisible; porque las mismas mesetas dispuestas en gradas y llevando en su superficie conchas existentes en la actualidad, mesetas que bordean la larga extensión de las costas de la Patagonia, rodean también el valle del Santa Cruz. Ninguna inundación hubiese podido dar este relieve a la tierra, ni en el valle ni a lo largo de la costa; y es seguro que el valle se ha formado a consecuencia de la constitución de estos terrenos sucesivos. Aunque sepamos que en las partes estrechadas del estrecho de Magallanes hay corrientes que la atraviesan a razón de ocho nudos por hora, no deja por eso de sorprendernos la idea del número de años que habrán necesitado estas corrientes para disgregar tan colosal masa de lava basáltica sólida. Hay que creer, no obstante, que las capas minadas por las aguas que atravesaban este antiguo estrecho se han roto en inmensos fragmentos, y éstos a su vez en otros menores considerables, reducidos después a guijarros, gravas, y por último a polvo impalpable que las corrientes han transportado muy lejos a uno de los dos océanos.

El carácter del paisaje cambia al mismo tiempo que la estructura geológica de las llanuras. Recorriendo algunas de estas estrechas angosturas de la roca hubiera podido creerme todavía en los valles estériles de la isla de Santiago. En medio de estas rocas basálticas encuentro algunas plantas que no he visto jamás, y otras que reconozco como pertenecientes a la Tierra del Fuego. Estas rocas porosas sirven de depósito a algunas gotas de lluvia que caen cada año. También aparecen algunos pequeños manantiales (fenómeno muy raro en la Patagonia) en los puntos en que los terrenos ígneos se unen a los sedimentos; desde mucha distancia se reconocen estos manantiales por estar rodeados de un poco de verdura.

27 de abril. – El lecho del río se estrecha un poco, y por lo tanto, se hace más rápida la corriente, que hace aquí seis nudos por hora. Unida esta causa a los numerosos fragmentos angulares de que el cauce está sembrado, hacen muy duro y peligroso el trabajo de los remolcadores.

Hoy he matado un cóndor. Medía ocho pies y medio de extremo a extremo de las alas y cuatro pies desde el pico a la cola. Sabido es que la habitación de este pájaro, geográficamente hablando, es muy extensa. En la costa occidental de la América del Sur se lo encuentra en las cordilleras desde el estrecho de Magallanes hasta los 8° de latitud Norte del Ecuador. En la costa de la Patagonia su límite septentrional es el escarpado cantil que se encuentra cerca de la desembocadura del río Negro. En este punto se ha separado el cóndor cerca de cuatrocientas millas de la gran línea central de la habitación en los Andes. Más al sur se encuentra con bastante frecuencia el cóndor en los inmensos precipicios que rodean el puerto Deseado; sin embargo, se aventuran muy poco hasta las orillas del mar. Estos pájaros frecuentan también una línea de elevados cerros cercanos a la desembocadura del Santa Cruz y se los encuentra sobre el río a unas ochenta millas del mar, en los puntos en que los límites del valle afectan la forma de precipicios perpendiculares. Estos hechos parecen probar que el cóndor habita de preferencia los acantilados tallados a pico. En Chile habita el cóndor la mayor parte del año en las orillas del Pacífico, y por la noche van varios de estos pájaros a posarse juntos sobre el mismo árbol; pero a principios del verano se retiran a los lugares más inaccesibles de las cordilleras para reproducirse con toda seguridad.

Los campesinos de Chile me han asegurado que el cóndor no hace nido; en el mes de noviembre o diciembre deposita la hembra dos grandes huevos blancos en el borde de una roca. Se dice que los pollos no comienzan a volar hasta que han cumplido un año; mucho tiempo después siguen posándose por la noche cerca de sus padres y acompañándolos de día en la caza. Los pájaros viejos van generalmente por parejas; pero en medio de las rocas basálticas del Santa Cruz he encontrado un sitio que debía frecuentar gran número de cóndores. Fue para mí un magnífico espectáculo llegar de repente al borde de un precipicio y ver veinte o treinta pájaros de éstos alejarse pesadamente y lanzarse después al aire describiendo majestuosos círculos. La cantidad de estiércol que encontré en esta roca permite asegurar que frecuentaban desde hace mucho tiempo este cantil. Después de atracarse de carne podrida en las llanuras gustan del retiro en estas alturas para digerir en reposo. De estos hechos podemos deducir que el cóndor, como el gallinazo, vive hasta cierto punto en bandos más o menos numerosos. En esta parte del país comen casi exclusivamente los cadáveres de los guanacos muertos naturalmente, o lo que es más frecuente, de los muertos por el puma. Por lo que he visto en Patagonia, no creo que los cóndores se alejen mucho de día del punto en que tienen costumbre de recogerse de noche.

Por lo común se ven los cóndores a una gran altura girando alrededor de un punto y describiendo los más graciosos círculos. Estoy seguro de que en algunos casos vuelan sólo por gusto de mecerse en el aire; pero los campesinos chilenos afirman que en esos momentos vigilan a un animal próximo a morir o a un puma que devora una presa. Cuando de improviso descienden rápidamente los cóndores y vuelven a elevarse con la misma prisa todos juntos, saben los chilenos que es porque el puma que vigilaba el cadáver del animal que acaba de sacrificar ha salido de su escondrijo para coger a los ladrones. Además de la carne podrida de que se nutren, atacan con frecuencia los cóndores a los chivos y a los corderos; los perros de ganado están enseñados a salir de sus guaridas cuando se aproxima uno de estos pájaros y ladrar ruidosamente. Los chilenos destruyen y cazan muchos cóndores. Para ello se emplean dos métodos: se coloca el cadáver de un animal en un terreno llano cerrado por una estacada o seto, en el cual se deja una abertura practicable; cuando los cóndores están comiendo se llega a galope a cerrar la entrada; y entonces se lo coge como se quiere, porque cuando este animal no tiene espacio suficiente para tomar vuelo, no puede elevarse. El segundo método consiste en observar los árboles donde suelen posar en número de cinco o seis, y durante la noche se trepa al árbol y se los apresa; lo cual es fácil, porque, como he podido apreciarlo por mí mismo, tienen el sueño muy pesado. En Valparaíso he visto vender un cóndor vivo por sesenta céntimos; pero es una excepción, y de ordinario cuestan de diez a doce pesetas. He visto comprar uno que acababan de coger; lo habían sujetado con cuerdas y estaba gravemente herido, a pesar de lo cual, tan pronto como le desataron el pico se lanzó con voracidad sobre un pedazo de carne que se le echó. En la misma población hay un jardín, en el que se conservan veinte o treinta vivos. No se les da de comer más que una vez a la semana, y sin embargo, parece que se encuentran muy saludables[5]. Los campesinos chilenos aseguran que el cóndor vive y conserva todo su vigor aunque se lo deje cinco o seis semanas sin comer; yo no puedo responder de la veracidad de este aserto; es una experiencia cruel, por más que esto no impida el que se haya hecho.

Se sabe que los cóndores, como todos los demás rapaces, averiguan muy pronto la muerte de un animal en un punto cualquiera de la comarca y se reúnen allí de la manera más extraordinaria. Es de notar que en casi todos los casos los pájaros descubren la presa y dejan limpio el esqueleto antes de que la carne del cadáver huela mal. Acordándome de los experimentos de Mr. Audubon sobre el poco olfato de los buitres, hice en el jardín de que acabo de hablar la siguiente prueba: envolví un pedazo de carne en papel blanco y me paseé mucho tiempo por delante de ellos a una distancia como de tres metros con este paquete en la mano; ninguno pareció darse cuenta de lo que yo llevaba. Eché entonces al suelo el paquete como a un metro de un macho viejo; lo examinó un momento con la mayor atención y apartó después la vista sin volver a ocuparse más de él. Se lo aproximé cada vez más por medio del bastón, hasta que lo tocó con el pico; en un instante rasgó el papel a picotazos y en el mismo momento empezaron todos los demás pájaros del grupo a aletear y hacer todos los esfuerzos posibles por desprenderse de sus trabas. Imposible hubiera sido engañar a un perro en las mismas circunstancias. Las pruebas en pro y en contra del poder olfativo de los buitres se contrapesan de un modo singular. El profesor Owen dice que el buitre (*Cathartes aura*) tiene los nervios olfatorios muy desarrollados; el día en que Owen leyó esta Memoria en la Sociedad de Zoología, uno de los concurrentes contó que por dos veces había visto en las Indias occidentales reunirse buitres en el tejado de una casa en la cual había un cadáver que no se había enterrado en tiempo y olía muy mal.

En este caso no habían podido ver los buitres lo que ocurría. Por otra parte, además de los experimentos de Audubon y del que yo he hecho y acabo de referir, ha practicado Mr. Buchman en los Estados Unidos, otros muchos que tienden a probar que ni el *Cathartes aura* (especie disecada por el profesor Owen), ni el gallinazo, descubre su alimento por medio del olfato. El Sr. Buchman envolvió cierta cantidad de carne podrida y que olía muy mal en un pedazo de tela delgada y echó pedazos de carne sobre esta tela; a toda prisa acudieron los buitres a comerse los pedazos de carne, y después de haberlos devorado permanecieron muy tranquilos sobre la tela sin descubrir la masa que se encontraba debajo y de la cual no les separaba un octavo de pulgada. Hízose una pequeña abertura en la tela y se precipitaron entonces sobre el contenido. Se los ahuyentó y se reemplazó la tela desgarrada con otra nueva, colocando otros pedazos de carne sobre ella, y los mismos buitres volvieron a devorarlos sin descubrir la masa oculta que estaban pateando. Seis personas, además de Mr. Buchman, confirman estos hechos, ocurridos a su vista.

Muchas veces, hallándome tendido en el suelo en medio de estas llanuras he visto buitres surcar los aires a inmensa altura. Cuando el país es llano, no creo que un hombre a pie o a caballo pueda abarcar con la vista claramente un espacio de más de 15° sobre el horizonte. Siendo esto así y cerniéndose el buitre a una altura de 3.000 a 4.000 pies, se encontrará a una distancia de más de dos millas inglesas en línea recta antes de hallarse dentro del campo visual del observador. ¿No es muy natural que en estas condiciones escape a la vista? ¿No puede suceder que cuando un cazador persigue y mata un animal cualquiera, en un valle solitario, uno de estos pájaros, de vista penetrante, siga desde lejos sus menores movimientos? ¿No podrá también su manera de volar, cuando desciende, indicar a toda la familia de los buitres, que hay una presa a la vista?

Cuando los cóndores describen círculos y círculos alrededor de un punto cualquiera, su vuelo es admirable. No recuerdo haberlos visto nunca batir alas, sino cuando se levantan del suelo. En los alrededores de Lima he observado muchos por espacio de cerca de media hora, sin separar la vista ni un instante; describían inmensos círculos subiendo y bajando sin dar un solo aletazo. Cuando pasaban a corta distancia sobre mi cabeza los veía oblicuamente y podía distinguir la silueta de las grandes plumas en que termina cada ala; si esas plumas hubieran sido agitadas por el más leve movimiento se habrían confundido una con otra; pero se destacaban muy distintas en el azul del cielo. Con mucha frecuencia mueve el pájaro la cabeza y el cuello como ejerciendo un gran esfuerzo; las alas extendidas parece que constituyen la palanca sobre la que actúan los movimientos del cuello, del cuerpo y de la cola. Si el pájaro quiere bajar, pliega un instante las alas, y en cuanto las extiende de nuevo, modificando el plano de inclinación, la fuerza adquirida por el rápido descenso parece hacerlo remontar con el movimiento continuo, uniforme, de una cometa. Cuando el pájaro se cierne en el aire su movimiento circular debe ser bastante rápido como para que la acción de la superficie inclinada de su cuerpo sobre la atmósfera pueda contrabalancear el peso. La fuerza necesaria para continuar el movimiento de un cuerpo que se agita en el aire en un plano horizontal no puede ser muy grande, porque el rozamiento es insignificante y eso es todo lo que el pájaro necesita. Podemos admitir que los movimientos del cuello y del cuerpo del cóndor bastan para obtener este resultado. Sea como quiera, es un espectáculo verdaderamente admirable, sublime, ver un pájaro tan grande cernerse horas y horas por encima de las montañas y valles sin mover apenas las alas.

29 de abril. – Desde lo alto de una colina saludamos con alegría los blancos picos de la cordillera; los vemos de cuando en cuando perforar su sombra envuelta en nubes. Durante algunos días continuamos remontando lentamente el río, con mucha lentitud, porque el curso de éste se hace muy tortuoso y nos vemos detenidos a cada paso por inmensos fragmentos de diversas rocas antiguas y de granito. La llanura que limita el valle adquiere aquí una elevación de cerca de mil cien pies sobre el nivel del río; el carácter de esta llanura se ha modificado de una manera extraordinaria. Los cantos de pórfido, muy redondeados, se mezclan con grandes fragmentos angulares de basalto y de rocas primitivas. Observo aquí a sesenta y siete millas de distancia de la montaña más próxima, los primeros bloques erráticos; he medido uno que tenía cinco metros cuadrados, que se elevaba a cinco pies sobre la grava. Eran tan perfectamente angulares los bordes de esta masa, y su grosor tan considerable, que al principio la tomé por una roca *in situ* y tomé la brújula para observar su plano de inclinación. La llanura no es ya tan lisa como a la orilla del mar; no se observa, sin embargo, ningún signo de cataclismo. En estas circunstancias creo que es imposible explicar el transporte de estas rocas gigantescas a tan larga distancia de la montaña, de donde, sin duda, provienen, sino por la teoría de los hielos flotantes.

Durante los dos últimos días hemos encontrado huellas de caballos y algunos objetos que sin duda han pertenecido a los indios, como pedazos de abrigos, por ejemplo, y plumas de avestruz; pero parece que estos objetos llevan mucho tiempo de rodar por el suelo. Entre el punto en que los indios han atravesado últimamente el río y el lugar en que nos encontramos, aunque a gran distancia uno de otro, parece el país enteramente desierto. A primera vista, considerando la abundancia de los guanacos, me sorprendió este fenómeno; pero se explica sin trabajo, teniendo en cuenta la naturaleza pedregosa de estas llanuras; un caballo no herrado que tratara de atravesarlas no resistiría con seguridad el cansancio. Encontré, sin embargo, en dos puntos diferentes de esta región central, pequeños montones de piedras que no creo debidos a la casualidad. Se ven en puntas situadas en el borde superior del cantil más elevado, y se parecen, aunque en pequeña escala, a los que he visto antes en Puerto Deseado.

4 de mayo. – Decídese el capitán Fitz-Roy a no remontarse más en el río. El Santa Cruz se hace, en efecto, cada vez más rápido y más tortuoso. El aspecto del país casi no nos anima, por lo demás, a seguir adelante. Por doquier los mismos productos; en todas partes el mismo paisaje desolado. Nos encontramos a unas 140 millas (224 kilómetros) del Atlántico y a 60 (96 kilómetros) del Pacífico. El valle en esta parte superior del cauce del río forma una inmensa oquedad limitada por inmensas plataformas de basalto al norte y al sur, y al oeste por la larga cadena de las cordilleras cubiertas de nieve. No sin tristeza vemos de lejos estas montañas, porque tenemos que representarnos con la imaginación su naturaleza y sus productos, en lugar de escalarlas como nos lo habíamos prometido. Pero, además de la pérdida inútil de tiempo que la tentación de prolongar más la ascensión en el río nos había producido, hacía ya algunos días que no recibíamos más que medias raciones de pan. Y por más que media ración sea suficiente para gentes razonables, era bastante poco después de una larga jornada de marcha; y es muy bonito hablar de estómago ligero y de digestión fácil, pero en la práctica estas cosas resultan harto desagradables.

5 de mayo. – Comenzamos a bajar el río antes del amanecer: el descenso se verifica con gran rapidez; hacemos de ordinario diez nudos por hora. En un día hemos recorrido lo que nos ha costado cinco días y medio de penoso trabajo cuando subíamos. El día 8 nos encontramos de nuevo a bordo del *Beagle*, después de veintiún días de expedición. Todos mis compañeros experimentan viva contrariedad; en cuanto a mí me felicito de este viaje, porque me ha permitido estudiar una sección muy interesante de la gran formación terciaria de la Patagonia.

El 1º de marzo de 1833 y el 16 del mismo mes de 1834, echa el ancla el *Beagle* en el estrecho de Berkeley, en la isla Falkland oriental. Este archipiélago está situado casi bajo la misma latitud que la embocadura del estrecho de Magallanes; cubre un espacio de 120 millas geográficas por 60: es, pues, la cuarta parte de grande que Irlanda. Francia, España e Inglaterra se han disputado mucho tiempo la posesión de estas miserables islas; después han quedado sin habitar. El gobierno de Buenos Aires se las ha vendido ahora a un particular, reservándose el derecho de trasladar allí a sus criminales, como antiguamente lo hacía España. Inglaterra hizo cierto día valer sus derechos y se apoderó de ellas. El inglés que quedó allí guardando la bandera fue asesinado. Se envió un oficial inglés; pero sin que lo acompañaran fuerzas suficientes. A nuestra llegada lo encontramos a la cabeza de una población cuya mitad, al menos, se componía de rebeldes y asesinos.

El teatro es bien digno de las escenas que en él pasan. Es una tierra ondulada, de aspecto desolado y triste, cubierta por todas partes de verdaderas turberas y de hierbas bastas: por doquiera el mismo color pardo monótono. Acá y allá un pico o una cadena de rocas grises cuarzosas accidentan la superficie. No hay quien no haya oído hablar del clima de estas regiones; puede compararse al que se encuentra a 1.000 y 2.000 pies de elevación en las montañas del norte del País de Gales; no hace, sin embargo, ni gran frío, ni gran calor, pero llueve mucho más y hace más viento[6].

16 de mayo. – He aquí en pocas palabras el relato de una corta excursión que he hecho alrededor de una parte de esta isla. Salgo el 16 por la mañana con seis caballos y dos gauchos; eran éstos hombres admirables para el objeto que me proponía, acostumbrados como estaban a no contar sino consigo mismos para encontrar aquello que necesitaban. El tiempo está muy frío; hace mucho viento y de vez en cuando caen fuertes nevadas. Avanzamos, no obstante, muy deprisa; pero aparte del punto de vista geológico, nada menos interesante que este viaje: siempre la misma llanura ondulada; siempre el suelo cubierto de hierbas pardas agostadas y de arbustillos insignificantes; todo saliendo de un suelo turboso elástico. En algunos puntos se ven, en los valles, pequeñas bandadas de pájaros salvajes, y es tan blando el suelo, que la gallineta ciega encuentra con facilidad allí el alimento. Fuera de éstos hay muy pocos pájaros. Atraviesa la isla una cadena principal de colinas, en su mayoría formadas de cuarzo y de cerca de 2.000 pies de elevación: pasamos grandes trabajos para salvar estas colinas rugosas y estériles. Al sur de ellas hallamos la parte del país a propósito para alimentar los animales silvestres; sin embargo, no encontramos muchos, porque en estos últimos tiempos se han hecho frecuentes cacerías.

Por la tarde encontramos un pequeño rebaño. Uno de mis acompañantes, que lleva el nombre de Santiago, logra muy pronto aportar una gruesa vaca; le tira las bolas, le da en las patas, pero no consigue rodeárselas. Tira entonces al suelo el sombrero para fijar el lugar donde han caído las bolas con el sombrero, y sin dejar de perseguir la vaca al galope, prepara su lazo, alcanza al animal, después de una carrera violentísima, y consigue engancharla por los cuernos. El otro gaucho nos había precedido con los caballos de la brida, de modo que le fue difícil a Santiago matar al furioso animal. Sin embargo, consiguió arrastrarlo a un punto en que el terreno era perfectamente llano, utilizando para ello todos los esfuerzos que hacía para aproximarse a él. Cuando la vaca no quería moverse, el caballo, perfectamente amaestrado en este género de ejercicios, se le acercaba y la empujaba violentamente con el petral. Pero no consistía todo en llevarla a terreno llano, había que matar a aquel animal loco de terror, lo cual no parecía nada fácil para un hombre solo. Hasta imposible hubiera sido si el caballo no comprendiera, por instinto, que cuando su amo lo abandonaba estaba perdido si el lazo no permanecía siempre tirante; de tal manera, que si el toro o la vaca hace un movimiento de avance, el caballo avanza en el acto en la misma dirección; si la vaca permanece tranquila, el caballo no se mueve afianzado sobre las patas traseras. Pero el caballo de Santiago, muy joven todavía, no conocía bien esta maniobra y la vaca se acercaba a él poco a poco. Espectáculo admirable fue el ver con qué destreza logró Santiago pasar detrás de la fiera, evitar sus cornadas y desjarretarla, en fin; después de lo cual no hubo dificultad alguna para hundirle el cuchillo en la nuca, cayendo entonces la vaca como herida por el rayo (descabellada). Cortóle entonces varios trozos de carne, conservando la piel, pero no hueso, en cantidad suficiente para nuestra expedición. Nos dirigimos al punto que habíamos elegido para pasar la noche; tuvimos por cena *carne con cuero*, o sea carne asada con la piel. Es tan superior esta carne a la vaca ordinaria, como el corzo respecto del carnero. Tómase un gran trozo circular del lomo del animal, y se asa sobre los carbones con la piel para abajo, que forma una especie de salsera, por cuyo medio no se pierde una sola gota del jugo de la carne. Si hubiera cenado con nosotros aquella noche un respetable concejal, no hay para qué decir cuán pronto habríase celebrado en Londres la *carne con cuero*.

Llovió toda la noche y al día siguiente, 17, tuvimos tormenta permanente, acompañada de granizo y nieve. Atravesamos la isla para alcanzar la lengua de tierra que une el Rincón del Toro (gran península al extremo sudoeste de la isla) con ésta. Matamos un gran número de vacas y encontramos también toros en abundancia; estos toros vagan solos o en bandos de dos o tres y son muy salvajes. Nunca he visto animales tan magníficos: su cabeza y morrillo enormes, son como los que se ven en las esculturas griegas.

He sabido por el capitán Sullivan que la piel de un toro, de tamaño mediano, pesa 47 libras, mientras que en Montevideo se considera una piel de este peso (y no tan bien seca) como muy pesada. Al acercarse a ellos se defienden los más jóvenes colocándose a cierta distancia; pero los viejos no retroceden, y si lo hacen es para precipitarse con más fuerza sobre el que se aproxima: de este modo matan muchos caballos. Durante nuestro viaje, atravesó un toro viejo un arroyo cenagoso y se colocó en la orilla opuesta frente a nosotros. En vano intentamos alejarlo de allí; no pudimos, y nos vimos obligados a dar un gran rodeo para evitar su encuentro. Para vengarse, resolvieron los gauchos castigarlo de modo que se inutilizara para la lucha en adelante. Interesante espectáculo fue ver cómo en pocos minutos la inteligencia triunfó sobre la fuerza bruta. En el momento en que se precipitaba sobre el caballo de uno de mis compañeros de viaje, un lazo le envolvió los cuernos y otro las patas traseras: en un instante, la fiera caía impotente al suelo. Parecía muy difícil, sin matar al animal, desembarazar del lazo los cuernos de aquella furiosa fiera; para un hombre solo, creo que imposible en absoluto. Pero arrojando otro hombre el lazo alrededor de las patas traseras, la operación es muy sencilla. En efecto, el animal permanece tendido y por completo inerte mientras se le sostiene sujetas con fuerza las patas; el hombre puede acercarse entonces y desprenderle el lazo con las manos y montar después a caballo con toda tranquilidad; pero tan pronto como el otro afloja lo más mínimo la tensión del lazo, escurre éste por las piernas del toro, que se revuelve furioso y trata, aunque en vano, de precipitarse sobre su adversario.

En todo nuestro viaje no encontramos más que un rebaño de caballos salvajes. Los franceses fueron los que, en 1764, introdujeron estos animales y los otros cuadrúpedos de la isla. Desde entonces unos y otros han crecido en número de un modo extraordinario. Y, hecho curioso, los caballos no han abandonado nunca el extremo oriental de la isla, aunque no se ha opuesto obstáculo alguno a su paso, ni es esta parte más atractiva que las otras. Los gauchos a quienes he interrogado me aseguran que el hecho es cierto, pero no han podido darme explicación alguna de él, aparte la afición viva (querencia) que los caballos manifiestan por los lugares que de ordinario frecuentan. Deseaba yo, con empeño, saber qué causa había detenido su crecimiento, tan considerable al principio; detención tanto más notable, no estando la isla por completo habitada por ellos y no habiendo en ella tampoco fieras. Es inevitable, sin duda, que en una isla de poca extensión, tarde o temprano y por una causa cualquiera, debe detenerse el desarrollo de una especie animal; pero ¿por qué se ha detenido el desarrollo de los caballos antes que el de los toros?

El capitán Sullivan ha tratado de proporcionarme algunos datos acerca de esto. Los gauchos que habitan aquí atribuyen en primer lugar ese hecho a que los padres cambian constantemente de domicilio, y obligan a los jóvenes a acompañarlos, ya se hallen o no éstos en situación de seguirlos. Un gaucho le ha contado al capitán Sullivan que había observado a un garañón por espacio de una hora cocear y morder a una hembra hasta obligarla a abandonar su cría. Me dijo el capitán que este hecho debe ser cierto, porque ha encontrado muchos animales jóvenes muertos abandonados, mientras que nunca ha visto terneros. Además se encuentran con mucha mayor frecuencia cadáveres de caballos que de toros, lo que parece indicar que los primeros están mucho más sujetos a enfermedades y accidentes. La gran humedad del hielo origina un desarrollo extraordinario e irregular de los cascos, por lo cual hay muchos caballos cojos. Casi todos tienen el pelo rodado o gris de hierro. Todos los caballos criados en la isla, domados o no, tienen muy corta talla, aunque sean bien conformados; pero son tan débiles, que no pueden utilizarse para cazar los toros con lazo: para esto hay que importar, con grandes gastos, caballos de la Plata. Es probable que en un porvenir más o menos próximo tendrá el hemisferio meridional sus poneys de Falkland, como los tiene el septentrional de Shetland.

En lugar de haber degenerado como los caballos, los toros, según he hecho observar, parecen haber crecido, y son más numerosos que los primeros. Me dice el capitán Sullivan que en estas razas se notan muchas menos variedades en la forma general del cuerpo y de los cuernos que en las razas inglesas. Los colores son muy variados, y, cosa rara, en las distintas partes de tan pequeña isla parecen predominar colores diferentes. En los alrededores del monte Usborne, de 1.000 a 1.500 pies de altura sobre el nivel del mar, casi la mitad de los individuos que componen un rebaño tienen el pelo color rata o gris plomo, tinte raro en los otros puntos de la isla. Cerca del puerto Pleasant predomina el pardo oscuro, mientras que al sur del estrecho de Choiseul, que divide la isla en dos mitades, casi todos los toros tienen la cabeza y las patas negras. Por lo demás, en toda la isla se encuentran animales de esta especie negros o manchados. Hame hecho notar el capitán Sullivan que la diferencia de color es tan evidente, que si se observan a gran distancia los rebaños que frecuentan las cercanías del puerto Pleasant, no se ve más que una serie de puntos negros, mientras al sur del estrecho de Choiseul no aparece sino una serie de puntos blancos. Cree el repetido capitán que los rebaños no se mezclan y que los animales de color gris, aunque viven en las tierras altas paren un mes antes aproximadamente que las de otros colores que viven en las tierras bajas. Es muy interesante ver que animales, en otro tiempo domésticos, han revestido tres colores diferentes, de los cuales probablemente uno acabará por predominar sobre los demás si se deja a estos ganados en paz todavía por espacio de algunos siglos.

También el conejo ha sido introducido con tan buen éxito, que abunda en muchos puntos de la isla. Sin embargo, como el caballo, no se encuentra en ciertas regiones, porque no ha atravesado la gran cadena de colinas que corta en dos la isla, ni aun se hubiera extendido hasta la base de estas colinas si, como me han dicho los gauchos, no se hubiesen traído algunas colonias a estos sitios. No hubiese sospechado que estos animales, indígenas del África septentrional, hubieran podido vivir en un clima tan húmedo como el de estas islas y donde el sol brilla tan poco que el trigo no madura sino raras veces. Se asegura que en Suecia, país que habría podido considerarse como más favorable al conejo, no puede vivir al aire libre. Además, los primeros pares importados han tenido que luchar contra enemigos preexistentes como los zorros y algunos grandes halcones. Los naturalistas franceses han considerado la variedad negra del conejo como una especie distinta, y la han llamado *Lepus magallanicus*. Se cree que Magallanes hablaba de esta especie cuando trataba de los animales que llamaba conejos; pero entonces aludía a un pequeño cavy que los españoles designan todavía con este nombre. Los gauchos se burlan del que les dice que la especie negra difiere de la especie gris, y añaden que en todo caso no ha extendido su habitación más allá que esta otra especie; sostienen además que nunca se encuentra una de las dos especies aisladas, que emparejan juntas y que los jóvenes son abigarrados. Yo poseo en la actualidad un ejemplar de estos abigarrados jóvenes que tiene en la cabeza manchas muy diferentes de las que describen los sabios franceses. Esta circunstancia demuestra cuánta prudencia han de tener los naturalistas para la adopción de nuevas especies; pues el mismo Cuvier, examinando el cráneo de estos conejos, ha creído probable que constituyese dos especies distintas.

El único cuadrúpedo indígena de la isla[7] es un zorro grande parecido al lobo (*Canis antarcticus*); es muy común, tanto en la parte oriental como en la occidental de las islas Falkland.

Creo que ésta es, sin duda, una especie particular exclusiva de este archipiélago, porque muchos pescadores de focas, muchos gauchos y no pocos indios que han visitado estas islas me han asegurado todos que no se encuentra animal semejante en ninguna parte de la América meridional. Molina, fundándose en una semejanza de costumbres, creyó que este animal era análogo a su *Culpen*[8].

Pasamos la noche del 17 en la lengua de tierra que forma la punta del estrecho Choiseul o península del Sudoeste. Nos encontramos en un valle bastante bien defendido de los vientos fríos, pero no pudimos hallar leña para hacer fuego. Los gauchos se proporcionaron, sin embargo, muy pronto, con gran sorpresa mía, con qué hacer un fuego tan vivo como un brasero de carbón de piedra: era el esqueleto de un toro muerto recientemente y cuyos huesos habían mondado los buitres. Dijéronme aquellos hombres que, en invierno, mataban muchas veces un animal, raspaban sus huesos con los cuchillos y se servían del esqueleto para cocer la comida.

18 de mayo. – Llueve casi todo el día. Llegamos, sin embargo, envolviéndonos en las mantas de los caballos a pasar la noche calientes y sin mojarnos demasiado, lo cual nos agrada tanto más, cuanto que hasta entonces habíamos tenido, después de las fatigosas jornadas de viaje, necesidad de acostarnos en terrenos turbosos, en la imposibilidad de hallar lugares secos. Ya he tenido ocasión de decir cuán singular es que no haya ni un solo árbol en estas islas, por más que la Tierra del Fuego no sea otra cosa que un inmenso bosque. El arbusto más corpulento que aquí se encuentra pertenece a la familia de las compuestas y apenas del tamaño de nuestros brezos. Una plantita verde que llega casi a la misma magnitud que los brezos que pueblan nuestras landas, constituye el mejor combustible que aquí puede proporcionarse. Esta planta tiene la propiedad de arder, aun estando verde y recién arrancada. Mucho me he divertido viendo a los gauchos encender lumbre con un eslabón y un poco de yesca, bajo una lluvia copiosa y cuando todo estaba mojado a su alrededor. Buscan, bajo la espesura de la hierba, algunos ramitos lo más secos posible y los reducen a briznas del grueso de una cerilla; rodean estas fibras de pedazos un poco más gruesos y lo disponen todo en forma de nido de pájaro, en medio del cual colocan el trozo de yesca encendido. Se expone entonces el nido al viento y empieza a humear, no tardando en aparecer la llama. No creo que pudiera lograrse encender fuego con materiales tan húmedos, empleando otro método.

19 de mayo. – Hacía algún tiempo que no montaba yo a caballo, porque todas las mañanas me sentía abrumado de dolores en los lomos; pero me sorprendió mucho saber que los gauchos acostumbrados desde la más tierna infancia a pasar casi toda la vida a caballo padecen lo mismo en circunstancias análogas. Me contó Santiago que después de una enfermedad de tres meses había ido a cazar toros salvajes y que a consecuencia de esto estuvo baldado hasta el extremo que hacer cama durante dos días. Esto prueba que los gauchos hacen, aunque no lo parezca, en esta cacería, un ejercicio muy violento. Cazar toros salvajes en un país tan difícil de recorrer a causa de los numerosos pantanos que lo siembran, debe constituir un fatigoso ejercicio. Me dicen los gauchos que atraviesan a veces a galope puntos por donde sería imposible cruzar al paso; así como los patinadores pasan rápidamente sobre capas muy delgadas de hielo.

Los cazadores hacen grandes esfuerzos por aproximarse a las manadas todo lo posible sin ser descubiertos. Cada hombre lleva cuatro o cinco pares de bolas, las echa unas tras otras a otros tantos animales, y una vez trabados los dejan allí por espacio de algunos días para que el hambre y los esfuerzos que hacen para desligarse los debiliten. Entonces se los pone en libertad y se los impele hacia un pequeño rebaño de toros domesticados que se llevan cerca con este objeto. El trance por el cual han pasado les inspira tal terror, que no se atreven a abandonar el rebaño y se los conduce fácilmente a la casa, siempre que les queden fuerzas para hacer el camino.

Continúa sin interrupción el mal tiempo; por lo cual me decido a hacer una larga etapa para tomar el barco por la noche. Tanta agua ha caído que todo el país está hecho un inmenso pantano. Mi caballo cae doce veces por lo menos; a veces los seis caballos forcejean en el lodo que les llega hasta las cinchas. Los menores arroyos están festonados por anchas turberas; de modo que cuando el caballo los salta cae aprisionado en la orilla opuesta. Para colmo de nuestras desdichas nos vemos obligados a atravesar la punta de un brazo de mar: era en el momento de la pleamar, y el agua subía hasta la grupa de nuestros caballos; la violencia del viento era tal que las olas rompían contra nosotros empapándonos de espuma, y haciéndonos tiritar de frío. Los mismos gauchos, acostumbrados a todas las intemperies de las estaciones, experimentaron gran alegría cuando al fin llegamos a las casas.

La estructura geológica de estas islas presenta bajo todos sus aspectos la mayor sencillez. Las tierras bajas se componen de pizarra y de gres, que contienen fósiles muy parecidos a los que se encuentran en las capas silúricas de Europa, aunque no son idénticos. Las colinas están formadas por rocas de cuarzo blanco granular. Estas capas se ven muy a menudo arqueadas con la más perfecta simetría, lo que les da un aspecto especialísimo. Pernety ha consagrado varias páginas a la descripción de una colina en ruinas, cuyas capas sucesivas ha comparado con mucha exactitud a los asientos de un anfiteatro. Las rocas cuarzosas han debido adquirir estas formas hallándose en estado pantanoso, pues de otro modo se hubiesen roto en mil fragmentos. Como el cuarzo se transforma insensiblemente en gres, parece probable que deba aquél su origen a la calefacción de éste, hasta un grado tal, que ha llegado a estar viscoso y ha cristalizado después por el enfriamiento. Ha debido atravesar las capas superiores, rompiéndolas cuando se hallaba en estado líquido.

En muchos puntos de la isla se halla cubierto el fondo de los valles por millones de fragmentos angulares gruesos de rocas cuarzosas, formando verdaderos lechos de piedras. Todos los viajeros, desde Pernety hasta nuestros días, hablan de estos depósitos de piedras con la mayor sorpresa. Estos cantos no han sido acarreados por las aguas, porque sus ángulos están muy poco redondeados; su volumen varía entre uno y dos pies de diámetro y diez a veinte veces más. No se encuentran en masas irregulares, sino que se extienden en grandes capas de un mismo nivel, formando como verdaderos ríos. No es posible saber el espesor de estas capas, pero se oye correr entre las piedras el agua de los arroyuelos que pasan a muchos pies de la superficie. La profundidad total de estas capas es probable que sea muy considerable, porque la arena ha debido llenar desde hace mucho tiempo los intersticios de los fragmentos inferiores. La anchura de estas capas de piedras varía entre algunos cientos y un millar de pies (300 metros); pero los depósitos turbosos les roban a diario extensión y forman islas dondequiera que hay fragmentos bastante próximos que ofrezcan un punto de apoyo. En un valle al sur del estrecho de Berkeley, al cual dieron mis compañeros el nombre de gran valle de los peñascos, tuvimos que atravesar una capa de piedras de media milla de ancho, saltando de un bloque a otro. En este punto son tan gruesos los fragmentos, que pude guarecerme bajo uno de ellos durante una lluvia torrencial que nos sorprendió de repente.

Pero lo que constituye el hecho más notable en estos torrentes de piedras es su pequeña inclinación. En las vertientes de las colinas los he visto formar un ángulo de 10° con el horizonte; y en el fondo de los valles anchos y llanos, apenas se percibe plano de inclinación. Es muy difícil medir el ángulo que puede formar una superficie tan accidentada; pero para dar una idea de lo que es la pendiente, diré que no podría dificultar la marcha de una diligencia. En algunos sitios siguen estas capas de piedras el lecho de un valle hasta el mismo vértice de la colina. En estos vértices parecen haber sido detenidas en su marcha masas inmensas tan grandes a veces como casas; viéndose también fragmentos encorvados como arcos apilados unos sobre otros como las ruinas de alguna catedral antigua. En verdad incitan a pasar de una comparación a otra, estas escenas de violencia, cuando tratan de describirlas; inducen a creer que han corrido de muchas partes de las montañas a las tierras bajas torrentes de lava blanca, luego que una terrible convulsión ha roto, después de solidificarlos, estos torrentes de lava en miríadas de fragmentos. La expresión torrente de piedras, que acude a la imaginación a la vista de este espectáculo, da absolutamente la misma idea. El contraste de las colinas próximas, bajas y redondeadas, hace todavía más extraordinaria la escena.

En el pico más elevado de una cadena de colinas, a unos setecientos pies sobre el nivel del mar, encontré y me interesó mucho, un inmenso fragmento en arco, descansando sobre su lado convexo, o sea boca arriba. ¿Habrá que creer que este fragmento ha sido lanzado al aire y ha caído en esta posición, o lo que es más probable, que existía en lo antiguo, en la misma cadena de colinas, una parte más elevada que el punto sobre el que hoy descansa este monumento de una gran convulsión de la Naturaleza?

Como los fragmentos que se encuentran en los valles no están redondeados ni sus intersticios llenos de arena, debemos deducir que el período de violencia se produjo después que la tierra había emergido del mar. He podido observar una sección transversal de estos valles, que me permite asegurar que el fondo es casi plano o no se eleva a cada lado sino en muy suave pendiente. Por eso los fragmentos parecen proceder de la parte más elevada del valle, aunque sea más probable que provengan de las pendientes más próximas, y que desde un movimiento vibratorio de energía colosal los ha extendido en una capa del mismo nivel general. Si durante el temblor de tierra de 1835 que trastornó la ciudad de Concepción en Chile, extrañó que algunos cuerpos pequeños hubiesen sido levantados a varias pulgadas sobre la tierra, ¿qué se dirá de un movimiento que ha levantado peñascos de muchas toneladas y los ha repartido acá y allá, como arena en una masa armónica hasta encontrar su nivel?

En la cordillera de los Andes he visto pruebas evidentes de que enormes montañas han sido quebradas en mil pedazos como pudiera romperse una corteza de pan, y que las diferentes capas que las componían, de horizontales que eran habían quedado verticales; pero ninguna escena ha presentado a mi imaginación como estos torrentes de piedras la idea de una convulsión tal que en vano buscaríamos semejante en los anales de la historia. Sea como quiera, el progreso de la ciencia permitirá sin duda muy pronto dar de estos fenómenos una explicación tan sencilla como la que se ha dado del transporte, antes inexplicable, de los bloques sembrados en las llanuras de Europa.

Poco hay que decir respecto a la zoología de estas islas. Ya he descrito el buitre o *Polyborus*. Hay, además, halcones, búhos y algunos pajarillas terrestres; gran número de aves acuáticas, que, si hemos de creer los relatos de los antiguos navegantes, eran antes mucho más numerosas todavía. Observaba yo un día un cuervo marino que gozaba con un pez que había cogido. Ocho veces sucesivas dejó escapar su presa sumergiéndose enseguida tras el desgraciado pez, y aunque estuviera el agua muy profunda volvía con él a la superficie. En el Jardín Zoológico he visto una nutria tratar a un pez de la misma manera, es decir, como los gatos juegan con los ratones, únicos ejemplos que conozco de tan refinada crueldad en la madre naturaleza. Otro día me coloqué entre un pájaro bobo (*Attenodites termesa*) y el agua, y me divertí mucho observando sus costumbres. Era un pájaro muy bravo y se batía conmigo para rechazarme; hasta que logró alcanzar el mar. Tenía que darle fuertes golpes para detenerlo: cuando avanzaba un paso no era posible hacerlo retroceder y tomaba un aspecto muy resuelto, curiosísimo de ver; movía la cabeza de derecha a izquierda, de la manera más extraña y como si no pudiera ver más que por la base y parte anterior de los ojos. Llámase de ordinario este pájaro, pájaro burro, porque acostumbra cuando está a orillas del mar a echar la cabeza hacia atrás y prorrumpe en unos gritos que se parecen hasta confundirse a los rebuznos de un asno: al contrario, cuando está en el mar y no se lo hostiga, lanza una nota profunda, solemne, que con frecuencia se oye por las noches. Cuando se sumerge, se vale de las alitas a modo de nadadores; pero en tierra las emplea como patas delanteras. Cuando se arrastra, podríamos decir, a cuatro pies, sobre la maleza o las piedras musgosas de la costa, se mueve tan deprisa, que con facilidad se lo confunde con un cuadrúpedo. En el mar, cuando pesca, sale a la superficie para respirar y se sumerge de nuevo con tal rapidez, que desafío a cualquiera a que lo tomaría a primera vista por un pez que salta por gusto fuera del agua.

Dos especies de pájaros frecuentan las islas Falkland. Una de ellas, *Anas magallanica*, se encuentra muy extendida en toda la isla. Estos pájaros van por pares o en pequeños bandos: no emigran, pero construyen sus nidos en los pequeños islotes que rodean la isla principal; se supone que es por temor a los zorros, y quizá por la misma causa estos pájaros, muy mansos durante el día, se hacen miedosos y casi fieros durante la noche. Se nutren exclusivamente de vegetales. El pájaro de las rocas, *Anas antarctica*, así llamado porque habita siempre a orillas del mar, es tan común en estas islas como en la costa occidental de América hasta Chile. En los profundos y solitarios canales de la Tierra del Fuego se ven muy a menudo parejas de estos pájaros posadas en alguna punta de las rocas. El macho, blanco como la nieve, va acompañado de su hembra, algo más oscura que él.

Hállase en gran abundancia en estas islas un pato grande y torpe, *Anas brachyptera*, que llega a pesar hasta veintidós libras. Dábase antes a estas aves, a causa de la extraordinaria manera de servirse de las alas para remar en el agua, el nombre de caballos de carrera; hoy, con mayor razón, se los llama barcos de vapor. Sus alas son demasiado pequeñas y débiles para que les consientan volar, pero, en parte, se sirven de ellas para nadar, y en parte para cortar el agua, llegando así a moverse con mucha rapidez. Puede comparárselos en tal caso con un pato doméstico perseguido por un perro; estoy seguro de que este pájaro agita las alas una después de otra en lugar de moverlas a un tiempo, como los otros pájaros. Estos patos tan bastos hacen tal ruido y mueven el agua de tal modo, que es muy curioso observarlos.

Se hallan, pues en América meridional tres aves que se sirven de las alas para uso distinto del vuelo: el pájaro bobo que las usa como nadaderas; el pato de que acabo de hablar que las emplea como remos, y el avestruz que las aprovecha como velas. El *Apterix* de Nueva Zelanda, lo mismo que su gigantesco prototipo extinguido, el *Deinornix*, no tienen sino alas rudimentarias. El barco de vapor no puede sumergirse por mucho tiempo. Se nutre sólo de conchas que encuentra en las rocas alternativamente cubiertas y descubiertas por la marea; tiene la cabeza y el pico muy pesados y extremadamente fuertes para poder romper las conchas de que se alimenta. Tan dura es la cabeza, que me ha costado romper una con el martillo de geólogo, y todos nuestros cazadores aprendieron a costa propia cuán dura tienen la vida estas aves. Por la noche, reunidos en manadas, se limpian las plumas y dejan oír el mismo concierto de gritos que las ranas bajo los trópicos.

En la Tierra del Fuego, del mismo modo que en las islas Falkland, he logrado hacer numerosas observaciones en los animales marinos inferiores, pero son de muy escaso interés general. Sólo citaré una clase de hechos relativos a ciertos zoófitos, colocados en la visión de los bryozoarios, la mejor organizada de esta clase. Varios géneros, *Flustra, Eschara, Cellaria, Crisia* y otros, se parecen por tener adheridos a sus células unos órganos movibles especiales, muy semejantes a los de la *Flustra avicularia* que se encuentra en los mares europeos. Este órgano se asemeja mucho, en la mayor parte de los animales, a la cabeza de un buitre, pero la mandíbula inferior puede abrirse mucho más que el pico de un pájaro. La misma cabeza, ajustada al extremo de un cuello muy corto, puede moverse en múltiples direcciones. En uno de estos zoófitos, aunque la cabeza es fija, queda libre en sus movimientos la mandíbula inferior; en otro se halla reemplazada esta mandíbula por un capuchón triangular con una tapa que se adapta muy bien. En el mayor número de especies, cada célula va provista de su cabeza correspondiente; otras especies tienen dos por célula.

Las dos células de la extremidad de las ramas de estos bryozoarios contienen pólipos que no han llegado a madurez; sin embargo, las *Avicularia* o cabezas de buitre, pegadas a ellas, son, aunque pequeñas, perfectas bajo todos sus aspectos. Cuando se quita con una aguja el pólipo de una de las células no se nota que se afecten en nada estos órganos. Si se corta la cabeza de buitre, conserva la mandíbula inferior la facultad de abrirse y cerrarse. La particularidad más extraña de su conformación es tal vez que, cuando hay dos filas de células en una rama, los apéndices de las células centrales no tienen más que la cuarta parte del grosor que los de las células exteriores. Los movimientos de estos apéndices varían según las especies; en algunas no he notado el menor movimiento, mientras que en otras oscila la cabeza de delante a atrás, durando por término medio cada oscilación cinco segundos y permaneciendo, por lo común, enteramente abierta la mandíbula inferior; otras se mueven con mucha rapidez y como a saltos. Cuando se toca el pico con una aguja, aprieta la punta de ésta con tanta fuerza que puede sacudirse toda la rama.

Estos cuerpos no tienen influencia alguna en la producción de los huevos o gémmulas, porque se forman antes que los pólipos jóvenes aparezcan en las células al extremo de las ramas cruzadoras. Como además se mueven con independencia de los pólipos y no parecen en modo alguno estar unidos a ellos; como tienen distinto grueso en la parte interna y en la externa de los grupos de células, creo que sus funciones se hallan más bien ligadas a las del conjunto de las ramas que a las de los pólipos que ocupan las células. Los apéndices carnosos de la extremidad inferior de la pluma de mar, descrita en Bahía Blanca; forman también parte de la colonia de zoófitos, lo mismo que las raíces de un árbol forman parte del conjunto de éste y no de la hoja o de la yema individual.

En otro pequeño bryozoario muy elegante (¿*Crisia*?) cada célula lleva una especie de cepillo de pelo largo que tiene la facultad de moverse muy deprisa. Cada cepillo de éstos y cada cabeza de buitre se mueve de ordinario con independencia de los otros; unas veces están todos situados a ambos lados de una rama y sólo las de un lado se mueven al mismo tiempo; en otras ocasiones no se mueve una hasta después que lo ha hecho la inmediata. Estos actos demuestran tan perfecta transmisión de la voluntad en el zoófito, aunque se halle compuesto de millares de pólipos distintos, como pudiéramos observarla en un animal cualquiera.

Por lo demás, ya hemos visto que la pluma de mar se ocultaba por completo en la arena, en la costa de Bahía Blanca, tan pronto como se le tocaba en cualquier parte. Otro ejemplo puedo presentar de acción uniforme aun cuando de naturaleza muy diferente, en un zoófito de parentesco próximo con los *Clytia*, y por lo tanto, organizado con gran sencillez. Conservaba en mi casa una gran madeja de esta especie en una vasija llena de agua salada; cuando por la noche se tocaba una parte cualquiera de una de sus ramas toda la masa se ponía admirablemente fosforescente, emitiendo una luz verde: no creo haber visto nunca fosforescencia más soberbia en ningún cuerpo. Pero lo más notable es que los destellos luminosos partían de la base para elevarse hasta el extremo de todas las ramas.

Siempre nos ha interesado mucho el estudio de estos animales compuestos. ¿Puede haber nada más notable que ver un cuerpo, semejante a una planta, producir un huevo dotado de la facultad de nadar y elegir el lugar conveniente para residencia? Este huevo se desarrolla luego bajo la forma de ramajes, que cada uno lleva innumerables animales distintos, que a veces tienen organismos muy complicados.

Las ramas tienen también, en ocasiones, como acabamos de decirlo, órganos que tienen la facultad de moverse y que son independientes de los pólipos. Por sorprendente que aparezca siempre esta reunión de individuos distintos en un tallo común, cada árbol nos presenta el mismo fenómeno; porque sus yemas deben considerarse como otras tantas plantas individuales. No obstante, parece natural considerar a un pólipo que tiene boca, intestinos y otros órganos, como un individuo distinto, mientas que la individualidad de una yema no se concibe con igual facilidad. Por eso la reunión de individuos diferentes en un cuerpo común es más extraña en una colonia de zoófitos que en un árbol. Con menos dificultad se concibe lo que puede ser un animal compuesto, cuando la individualidad de cada una de sus partes no es completa, bajo ciertos puntos de vista, recordando que pueden producirse criaturas distintas cortando una sola con un cuchillo, y que la naturaleza se encargará por sí misma de hacer esta vivisección. Podemos considerar los pólipos de un zoófito y las yemas de un árbol como caso en que la división del individuo no se ha operado por completo. Verdad es que en los árboles y juzgando por analogía, en los zoófitos, los individuos propagados por medio de botones parecen tener entre sí un parentesco mucho más íntimo que el que existe entre los huevos o granos y los padres. Parece, sin embargo, bien establecido que las plantas propagadas por medio de yemas tienen todas vida de igual duración; y todo el mundo sabe qué singulares y cuán numerosos caracteres se transmiten con seguridad por medio de los botones, de las estacas y de los injertos; caracteres que no se transmiten nunca, o rara vez, por la germinación seminal.

La Tierra del Fuego; nuestra llegada. La bahía del Éxito. Los fueguenses a bordo. Entrevista con los salvajes. Aspecto que presentan los bosques. El cabo de Hornos. La bahía de Wigwam. Miserable condición de los salvajes. Hambres. Caníbales. Parricida. Sentimientos religiosos. Tempestad terrible. El canal del Beagle. El estrecho de Ponsonby. Construimos *wigwams* y establecemos a los fueguenses. Bifurcación del canal del Beagle. Ventisqueros. Vuelta al barco. Segunda visita del barco a la ciudad que hemos fundado. Igualdad perfecta entre los indígenas.(*)

La Tierra del Fuego

17 de diciembre de 1832. – Después de las observaciones sobre la Patagonia y las islas Falkland, voy a describir nuestra primera visita a la Tierra del Fuego. Un poco después del mediodía doblamos el cabo de San Diego y penetramos en el famoso estrecho de Maire. Costeamos de cerca la Tierra del Fuego, pero sin dejar de ver a través de las nubes la tormentosa silueta de la inhospitalaria tierra de los Estados. Por la tarde echamos el ancla en la bahía del Éxito. A nuestra entrada recibimos un saludo digno de los habitantes de esta tierra salvaje. Un grupo de fueguenses, ocultos en parte por la espesura del bosque se había situado en una punta de la roca que dominaba el mar; en el momento de nuestro paso saltan agitando sus guiñapos y lanzando un largo y sonoro aullido. Siguen al barco, y al caer la noche distinguimos que han encendido fuego y oímos todavía sus gritos salvajes. Consiste el puerto en una hermosa sabana de agua medio rodeada de montañas, redondeadas y de poca elevación, de esquisto arcilloso, cubiertas hasta la orilla del mar por un espeso bosque. Una sola ojeada sobre el paisaje me bastó para conocer que iba a ver allí cosas distintas de las que había visto hasta entonces. Durante la noche se levanta el viento que no tarda en soplar tempestuoso, pero nos protegen de él las montañas: en el mar habríamos sufrido mucho; también nosotros, como otros muchos, podemos saludar esta bahía con el nombre de bahía del Éxito.

A la mañana siguiente, envía el capitán una patrulla a tierra para abrir comunicaciones con los indígenas. Llegados al alcance de la voz, uno de los cuatro salvajes que presencian nuestro desembarco, se adelanta a recibirnos y comienza a gritar cuanto podía para indicarnos el punto donde debíamos tomar tierra. Tan pronto como desembarcamos parecieron un

---

(*) N. del E.: Darwin comienza el relato de su primera visita a Tierra del Fuego, que tuvo lugar entre diciembre de 1832 y marzo de 1833.

tanto alarmados los salvajes, pero siguieron hablando y haciendo gestos con mucha rapidez. Éste fue, sin duda, el espectáculo más curioso e interesante a que he asistido en mi vida. No me figuraba cuán enorme es la diferencia que separa al hombre salvaje del hombre civilizado; diferencia, en verdad, mayor que la que existe entre el animal silvestre y el doméstico; lo que se explica por ser susceptible el hombre de realizar mayores progresos. Nuestro principal interlocutor, un viejo, parecía ser el jefe de la familia; con él estaban tres valientes mocetones muy vigorosos y de una estatura de seis pies próximamente: habían retirado a las mujeres y a los niños. Estos fueguenses forman muy marcado contraste con la miserable y desmedrada raza que habita más al oeste y parecen próximos parientes de los famosos patagones del estrecho de Magallanes. Su único traje consiste en una capa hecha de la piel de un guanaco, con el pelo hacía afuera; se echan esta capa sobre los hombros y su persona queda así tan cubierta como desnuda. Su piel es de color rojo cobrizo sucio.

El viejo llevaba en la cabeza una venda adornada con plumas blancas, que en parte sujetaban sus cabellos negros, duros y formando una masa impenetrable. Dos bandas transversales ornaban su rostro: una, pintada de rojo vivo, se extendía de una a otra oreja, pasando por el labio superior; la otra, blanca como la creta, paralela a la primera, le pasaba a la altura de los ojos y cubría los párpados. Sus compañeros llevaban también como ornamentos bandas negras al carbón. En suma, esta familia se parecía a esos diablos que se representan en escena en *Freychütz* o en obras semejantes.

Su abyección se pintaba en su actitud, y sin dificultad podía leerse en sus facciones la sorpresa, la extrañeza e inquietud que experimentaban. No obstante, cuando les hubimos dado pedazos de tela encarnada, que en el acto se arrollaron al cuello, nos hicieron mil demostraciones de amistad. El viejo, para probarnos esa amistad nos acariciaba el pecho, haciendo oír una especie de cloqueo como el que suele hacerse para llamar a las gallinas. Di algunos pasos al lado del viejo y repitió conmigo estas demostraciones amistosas, que terminó dándome al mismo tiempo en el pecho y en la espalda tres palmadas bastante fuertes. Después se descubrió el pecho para que yo le devolviera el cumplimiento, lo que verifiqué, y pareció agradarle en extremo. En nuestro concepto, el lenguaje de este pueblo apenas merece el nombre de *lenguaje articulado*. El capitán Cook lo ha comparado al ruido que haría un hombre limpiándose la garganta; pero con seguridad no ha producido nunca ningún europeo ruidos tan duros, notas tan guturales lavándose las fauces.

Son excelentes mímicos. En cuanto uno de nosotros tosía, bostezaba o hacía algún movimiento especial, lo repetían inmediatamente. Uno de nuestros marineros, por divertirse, bizcó los ojos y comenzó a hacer mue-

Toldo de patagones y tumba (de P. P. King).

cas; en el acto, uno de los fueguenses, con toda la cara pintada de negro, menos una cinta blanca a la altura de los ojos, se puso también a hacer gestos, y hay que confesar que eran mucho más horribles que los de nuestro marinero. Repiten con mucha corrección todas las palabras de una frase que se les dirige y las recuerdan por algún tiempo. Sin embargo, bien sabemos los europeos cuán difícil es distinguir separadamente las palabras de una lengua extranjera. ¿Quién de nosotros podría, por ejemplo, seguir a un indio de América en una frase de más de tres palabras? Todos los salvajes parecen poseer, en grado extraordinario, esa facultad de la mímica. Me han dicho que los cafres tienen la misma singular cualidad; y se sabe que los australianos son célebres por la facilidad que tienen para imitar la postura y la manera de andar de un hombre. ¿Cómo explicar esta facultad? ¿Es una consecuencia de la costumbre de percepción ejercitada más a menudo por los salvajes? ¿Es el resultado de sus sentidos más desarrollados comparándolos con las naciones de antiguo civilizadas?

Uno de nuestros hombres comenzó a cantar; entonces creí que los fueguenses iban a caer a tierra: tanta fue su extrañeza. La misma admiración les produjo ver bailar; pero uno de los jóvenes se prestó de buena gana a dar una vuelta de vals. Por poco acostumbrados que parezcan a ver europeos, conocen, sin embargo, nuestras armas de fuego que les inspiran saludable terror; por nada del mundo querrían tocar un fusil. Nos pidieron cuchillos, dándoles el nombre español *cuchilla*. Nos hacían comprender al mismo tiempo lo que querían, simulando tener un trozo de carne de ballena en la boca y haciendo ademán de cortarlo en lugar de desgarrarlo.

York Minster en 1832   York en 1833

YORK MINSTER (BOCETO A LÁPIZ DE ROBERT FITZ-ROY).

Todavía no he hablado de los fueguenses que teníamos a bordo. Durante el viaje anterior del *Adventure* y del *Beagle*, de 1826 a 1830, tomó el capitán Fitz-Roy como rehenes cierto número de indígenas para castigarlos de haber robado un barco; lo que había producido graves dificultades a una patrulla ocupada en descubrimientos hidrográficos. Llevó el capitán algunos de estos individuos a Inglaterra, y además un niño que compró por un botón de nácar, con el propósito de darle alguna educación y enseñarle algunos principios religiosos a su costa. Establecer a estos indígenas en su patria era uno de los principales motivos que llevaron al capitán Fitz-Roy a la Tierra del Fuego. Antes que el Almirantazgo resolviera armar esta expedición había fletado el capitán un barco generosamente para devolver a los fueguenses a su país. Un misionero, R. Matthews, acompañaba a los indígenas; pero ha publicado Fitz-Roy un estudio tan completo acerca de estas gentes, que tendré que limitarme a muy breves observaciones. El capitán llevó primero a Inglaterra dos hombres (de los cuales murió uno en Europa de sífilis), un joven y una muchacha: teníamos, pues, a bordo a York Minster, Jemmy Button (nombre que se le había dado para recordar el precio por él pagado) y Fuegía Basket. York Minster era un hombre de mediana edad, pequeño, grueso, muy fuerte; tenía el carácter taciturno, reservado, perezoso y muy violento cuando se encolerizaba; quería mucho a algunos de los de a bordo y su inteligencia estaba bastante desarrollada. Todo el mundo quería a Jemmy Button aun cuando también tenía violentos accesos de cólera. Era muy alegre, reía casi siempre y bastaba ver sus facciones para adivinar su excelente carácter. Experimen-

JEMMY BUTTON (BOCETO A LÁPIZ DE R. FITZ-ROY).

taba profunda simpatía por todo enfermo; cuando el mar estaba malo solía yo marearme y entonces se me acercaba diciéndome con voz doliente: "¡Pobre, pobre hombre!". Pero había navegado tanto, que en su opinión era ridículo que un hombre se marease, por lo cual muchas veces se volvía para ocultar una sonrisa o una carcajada, y luego repetía su "¡Pobre, pobre hombre!". Buen patriota, acostumbraba a hablar lo mejor posible de su tribu y de su país, donde había, decía él y decía la verdad, "una gran cantidad de árboles"; pero se burlaba de todas las demás tribus. Declaraba enfáticamente que en su país no había diablo. Jemmy era pequeño, fuerte y grueso, y muy coquetón: llevaba siempre guantes, se hacía cortar el pelo y sufría un gran disgusto cuando se le manchaban las botas muy bien embetunadas. Gustaba mucho de mirarse al espejo, lo que no tardó en conocer un pequeño indio muy burlón del río Negro que iba a bordo con nosotros desde hacía algunos meses y que acostumbraba a reírse de él. Muy celoso Jemmy de las atenciones que se le tenían a aquel muchacho, no lo quería nada y solía decir meneando gravemente la cabeza: "¡Demasiada alegría!". Cuando recuerdo todas sus buenas cualidades confieso que aún hoy experimento la más profunda extrañeza al pensar que pertenecía a la misma raza que los innobles y asquerosos salvajes que hemos visto en la Tierra del Fuego, y que probablemente tenía el mismo carácter que ellos. Fuegía Basket, por último, era una graciosa muchacha, modesta y reservada, de facciones bastante agradables, pero que a veces se oscurecían; aprendía todo muy pronto, y en particular los idiomas. Tuvimos buena prueba de esta facilidad admirable por la cantidad de español y portugués que aprendió en poco tiempo en Río de Janeiro y en Montevideo, y porque había llegado a saber inglés. York Minster se mostraba muy celoso de las atenciones que con ella se tenían, y era indudable que tenía intención de hacerla su mujer tan pronto como volviesen a su país.

Aunque los tres comprendían y hablaban el inglés, era muy difícil saber por ellos las costumbres de sus compatriotas. Provenía esto en parte, creo, de que les era muy difícil comprender la menor alternativa. Todo el que tenga costumbre de tratar a niños sabe cuán difícil es obtener de ellos una respuesta a las más sencillas preguntas, por ejemplo: ¿es blanca o negra una cosa? La idea de negro y la idea de blanco llena alternativamente su espíritu. Lo mismo sucedió con los fueguenses; por lo que la mayor parte de las veces era imposible saber, al interrogarlos de nuevo, si habían comprendido bien lo que se les dijo al principio. Tenían la vista muy penetrante; sabido es que los marinos, por su larga costumbre, distinguen un objeto mucho antes que un hombre habituado a vivir en tierra; pero York y Jemmy eran bajo este punto de vista muy superiores a todos los marinos de a bordo. Muchas veces habían anunciado que veían una cosa, nombrando lo que percibían; todo el mundo dudaba, y, sin embargo, el anteojo probaba que tenían razón. Tenían plena confianza de esta facultad, y así, cuando Jemmy tenía alguna pequeña reyerta con el oficial de guardia no dejaba de decirle: "Yo ver barco, yo no decir". Nada más curioso de observar que la conducta de los salvajes con Jemmy Button cuando desembarcamos. Inmediatamente notaron la diferencia entre él y nosotros, lo que dio lugar a una muy animada conversación entre ellos. Después el viejo le dirigió un largo discurso; parece que le excitaba a quedarse con ellos; pero Jemmy comprendía muy poco su lenguaje y además parecía avergonzarse de sus compatriotas. Cuando York Minster vino a tierra también lo conocieron enseguida y le dijeron que debía afeitarse, y eso que apenas tenía veinte pelos microscópicos en la cara, mientras que todos nosotros llevábamos barba corrida.

Examinaron el color de su piel y la compararon con la nuestra. Uno de nosotros les enseñó el brazo desnudo y se extasiaron de su blancura, lanzando enteramente las mismas exclamaciones de sorpresa, haciendo los mismos gestos que un orangután ha hecho delante de mí en los jardines zoológicos. Hasta donde hemos podido saberlo, estos salvajes tomaron por mujeres nuestras a dos o tres de los oficiales más pequeños y rubios que los otros, aunque llevaban magníficas barbas. Uno de estos fueguenses muy altos estaba muy entusiasmado de que admiráramos su estatura. Cuando lo poníamos de espalda junto a uno de nuestros marinos, más alto, trataba de ponerse en un terreno más elevado o de puntillas. Abrió la boca para enseñarnos los dientes; se volvía para que pudiéramos verlo de perfil y hacía todos esos gestos con tal aire de satisfacción de sí mismo, que indudablemente se creía el hombre más hermoso de la Tierra del Fue-

Fuegía Basket en 1833   La esposa de Jemmy en 1834

FUEGÍA BASKET (BOCETO A LÁPIZ DE ROBERT FITZ-ROY).

go. Nuestro primer sentimiento de extrañeza dio lugar pronto a la diversión que nos proporcionaban estos salvajes, ya que por la expresión de sorpresa que a cada momento se veía pintarse en sus facciones, ya por la mímica a que de continuo se entregaban.

Al día siguiente traté de penetrar a alguna distancia en el interior del país, y puedo describir la Tierra del Fuego en cuatro palabras: un país montañoso, en parte sumergido, de tal modo que ocupan el lugar de los valles profundos estrechos y extensas bahías; y un inmenso bosque que se extiende desde las cimas de las montañas hasta la orilla de las aguas, cubriendo las vertientes, a excepción de la occidental. Crecen los árboles hasta unos 1.000 a 1.500 pies sobre el nivel del mar; sigue luego una faja de turberas, cubierta de plantas alpestres muy pequeñas; y por último la línea de las nieves perpetuas, que, según el capitán King, baja en el estrecho de Magallanes a una altura de 3 a 4.000. Apenas puede encontrarse en todo el país una sola hectárea de terreno llano; no recuerdo haber visto más que una pequeña llanura cerca del puerto de la Desolación y otra un poco mayor junto a la bahía de Goeree. En estos puntos, como en todos los demás, cubre por completo el suelo una espesa capa de turba pantanosa. En el interior mismo de los bosques desaparece el suelo bajo una masa de materias vegetales en putrefacción lenta, que empapadas siempre de agua ceden bajo los pies.

No tardó en serme imposible continuar el camino a través del bosque, y seguí, pues, a lo largo de un torrente. Al principio apenas podía dar un paso a causa de las cataratas y de los numerosos troncos de árboles caídos que cerraban el camino; pero pronto se ensanchó este lecho del torrente por el destrozo que en sus orillas habían producido las inundaciones. Avancé lentamente por espacio de una hora siguiendo las rugosas y descarnadas orillas del torrente, y muy pronto compensaron todas mis fatigas la magnificencia y la belleza del panorama que contemplé. La profundidad sombría del barranco corría pareja con los signos de violencia que por todas partes se observaban. A un lado y otro se veían masas irregulares de rocas y árboles arrancados; otros de pie todavía, estaban podridos hasta el corazón y a punto de caer. Esta confusa masa de árboles robustos y árboles muertos me recordó los bosques de los trópicos, a pesar de la inmensa diferencia que los separa: en estas tristes soledades que ahora examino, parece que en lugar de la vida reina la muerte como soberana. Continué mi ruta a lo largo del torrente hasta un punto en que un gran derrumbamiento ha desprendido parte considerable del costado de una montaña; a partir de este lugar se hizo menos fatigosa la ascensión y alcancé pronto una elevación suficiente para poder examinar a gusto los bosques circundantes. Todos los árboles pertenecen a la misma especie, el *Fagus betuloides*, habiendo por excepción un corto número de especies diferentes de estos *Fagus*. Este árbol conserva sus hojas todo el año, pero presentan un color verde parduzco con un ligero tinte amarillo muy particular. Todo el paisaje reviste el mismo tono, lo que da un aspecto triste y sombrío; siendo muy raro que le den un poco de alegría los rayos del sol.

20 de diciembre. – El capitán Fitz-Roy le da el nombre de Sir J. Banks a una colina de unos 1.500 pies de elevación que forma uno de los costados de la bahía en que nos hallamos, en memoria de la desgraciada excursión que costó la vida a dos de sus tripulantes y de donde el doctor Solander creyó no regresar. La tempestad de nieve, causa de su infortunio, se desencadenó en pleno enero, que corresponde a nuestro mes de junio, ¡y esto en la latitud de Durham! Deseaba yo mucho llegar a la cumbre de esta montaña para recoger algunas plantas alpestres; porque en las tierras bajas hay muy pocas flores de todas las especies. Seguimos hasta el origen del torrente que ya había yo recorrido la víspera, y a partir de este punto nos vimos obligados a abrirnos paso a través de los árboles. Como consecuencia de la altura en que brotan y de los vientos que reinan en estas alturas son estos árboles gruesos, achaparrados y torcidos en todas direcciones. Llegamos al fin a lo que desde abajo habíamos tomado por un hermoso tapiz de verde césped, y nos encontramos, por desgracia, con que era una masa compacta de pequeños abedules de cuatro a cinco pies de altura. Con seguridad estaban tan espesos como las franjas de bojes de nuestros jardines, y en la imposibilidad de abrirnos camino por entre los árboles nos vimos obligados a caminar por encima. Después de muchas fatigas ganamos al fin la región turbosa y poco después la roca pelada.

Una estrecha meseta unía esta montaña a otra situada a pocas millas y que era más alta, por cuanto se hallaba en parte cubierta de nieve. Como todavía era temprano nos decidimos llegar hasta ella herborizando. Estábamos a punto de renunciar a esta excursión por las dificultades del camino, cuando nos encontramos un sendero muy recto y bien batido, trazado por los guanacos; pues estos animales, como los carneros, marchan en fila siempre unos tras otros; y ganamos la colina, que es la más elevada que se encuentra por aquellos contornos; sus aguas vierten al mar en otra dirección. Magnífico golpe de vista disfrutamos con todo el paisaje circundante; al norte se extiende un terreno pantanoso, pero al sur distinguimos un cuadro soberbio y salvaje muy digno de la Tierra del Fuego. ¡Qué misteriosa grandeza en aquellas montañas que se elevan unas tras otras, dejando entre sí profundos valles; valles y montañas cubiertos por una sombría masa de bosques impenetrables! En este clima, en que las tempestades se suceden casi sin interrupción con acompañamiento de lluvia, granizo y nieve, parece la atmósfera más oscura que en ninguna parte. Puede juzgarse muy bien de este defecto cuando en el estrecho de Magallanes se mira hacia el sur; vistos desde este punto los numerosos canales que se pierden en las tierras, y entre las montañas, revisten tintes tan tétricos que parece como si condujeran fuera de los límites de este mundo.

21 de diciembre. – Se hace a la vela el *Beagle*, y al día siguiente, gracias a una hermosa brisa del este, nos acercamos a las Barnevelts. Pasamos por delante de las inmensas rocas que forman el cabo Deceit, y a eso de las tres doblamos el cabo de Hornos, batido por las tempestades. La tarde está admirablemente tranquila y nos deja gozar del grandioso espectáculo que ofrecen las islas inmediatas. Pero parece que el cabo de Hornos exige que le paguemos su tributo, y antes de cerrar la noche nos envía una espantosa tempestad, que nos sopla precisamente de cara. Nos vemos obligados a ganar alta mar, y al aproximarnos de nuevo a tierra al día siguiente, percibimos este famoso promontorio, y ahora con todos los caracteres que lo distinguen, esto es, envuelto en brumas y rodeado de un verdadero huracán de viento y agua. Inmensas nubes negras oscurecen el cielo, las sacudidas del viento y granizo nos asaetean con tan ruda violencia, que el capitán se decide a guarecerse, si es posible, en Wigwam Cove. Es este un excelente puertecillo situado a poca distancia del cabo de Hornos; y allí echamos el ancla precisamente el día de Nochebuena. Alguna ráfaga de viento que baja de las montañas y hace balancear el barco sobre las anclas nos recuerda de vez en cuando la tempestad que reina fuera de este excelente abrigo.

25 de diciembre. – Muy cerca del puerto se eleva a 1.700 pies una colina llamada Pico de Kater. Todas las islas próximas consisten en masas cónicas de gres verde mezcladas a veces con colinas menos regulares de esquisto arcilloso que ha experimentado la acción del fuego. Puede considerarse esta parte de la Tierra del Fuego como la parte sumergida de la cadena de montañas a que ya me he referido. El nombre de *wigwam* proviene de algunas habitaciones fueguenses que rodean el puerto; pero con más razón hubiera podido aplicarse esta denominación a todas las bahías próximas. Los habitantes se alimentan en primer término de moluscos, por lo que siempre están cambiando de residencia; pero volviendo con determinados intervalos a habitar los mismos puntos, como lo prueban las masas de conchas secas, que forman a veces montones de muchas toneladas de peso. Estos montones se distinguen a gran distancia por el color verde claro de ciertas plantas de que invariablemente se cubren. Puedo citar entre estas plantas el apio silvestre y la coclearia, dos vegetales muy útiles, pero cuyas cualidades no han descubierto aún los indígenas.

El *wigwam* o choza fueguense semeja en absoluto por su forma y magnitud un montón de heno. No consiste más que en algunas ramas rotas clavadas en tierra y cuyos intersticios se cubren imperfectamente por un lado con hierbas y ramaje. Estas chozas apenas representan una hora de trabajo para su confección, y los indígenas no se sirven de ellas de ordinario más que unos cuantos días. He visto un sitio en la bahía de Goeree, en que uno de estos hombres desnudos había pasado la noche y que no ofrecía en realidad más abrigo que la cama de una liebre. Evidentemente este hombre vivía solo; York Minster me dijo que debía ser un mal sujeto y sería muy probable que hubiese robado algo. En la costa occidental son las chozas, no obstante, algo más confortables; pues casi todas se hallan cubiertas por pieles de foca. El mal, tiempo nos retiene aquí durante algunos días. El clima es detestable: estamos en el solsticio de verano y todos los días nieva sobre las colinas, y graniza y llueve en los valles. El termómetro marca 45° Fahrenheit (7° 2' centígrados); pero durante la noche baja a 38° o 40° Fahrenheit (3° 3' a 4° 4' centígrados). Por lo demás, se nos figura el clima todavía peor de lo que es por el estado húmedo y tempestuoso de la atmósfera, rara vez animada por un rayo de sol.

Un día que fuimos a tierra a la isla de Bolaston nos encontramos una canoa con seis fueguenses. En verdad que nunca había yo visto criaturas más abyectas y miserables. En la costa oriental, como he dicho, llevan capas de guanaco y en la occidental se cubren con pieles de foca. En las tribus centrales los hombres no llevan más que una piel de nutria o un pedazo de piel cualquiera del tamaño de un pañuelo de bolsillo, y que apenas alcanza a cubrirles las espaldas hasta los riñones. Esta piel se anuda en el pecho con bramantes y las cambian de lugar alrededor del cuerpo según la dirección de donde sopla el viento. Pero los que venían en la canoa de que acabo de hablar, estaban completamente desnudos, incluso una mujer en plena edad que con ellos iba. Caía la lluvia a torrentes, y mezclándose el agua dulce con la espuma del mar, resbalaba por el cuerpo de aquella mujer. En otra bahía, a corta distancia, vino un día cerca del barco una mujer que amamantaba a un recién nacido; y sólo por curiosidad permaneció muchísimo tiempo mirando, por más que la nieve caía en abundancia sobre su pecho desnudo y sobre la criatura. Estos desgraciados salvajes tienen el cuerpo achaparrado, el rostro deforme, cubierto de pintura blanca, la piel sucia y grasienta, los cabellos apelmazados, la voz discordante y los gestos violentos. Cuando se los ve cuesta trabajo, creer que son seres humanos, habitantes del mismo mundo que nosotros. Nos preguntamos muchas veces qué goces puede proporcionar la vida a ciertos animales inferiores; ¡con cuánta mayor razón no podríamos preguntárnoslo respecto de estos salvajes! Por la noche, cinco o seis de estos seres humanos, desnudos y apenas protegidos contra el viento y la lluvia de este país terrible, se acuestan en el suelo húmedo apretados los unos contra los otros y encogidos como animales. Al bajar la marea, en invierno y en verano, de día y de noche, tienen que levantarse para ir a buscar conchas entre las rocas; las mujeres se sumergen para proporcionarse huevos de mar o permanecer horas enteras sentadas en las canoas hasta que logran pescar algunos pececillos con telas sin anzuelo. Si consiguen matar una foca o descubren el esqueleto medio podrido de una ballena, tiénenlo por inmenso festín; se atracan de este innoble alimento, y para completar la fiesta comen algunas bayas o algunas setas que no saben a nada.

Con mucha frecuencia padecen hambres estos fueguenses. Mr. Dow, capitán de un barco que hacía la pesca de focas y conocía muy bien a los indígenas de este país, me ha dado curiosos detalles de ciento cincuenta habitantes de la costa occidental. Estaban horriblemente flacos y sufrían mucho: una larga serie de tempestades había impedido que las mujeres recogieran conchas en las rocas; no habían podido echar las canoas al mar para pescar focas; unos cuantos de ellos salieron una mañana "para hacer un viaje de cuatro días –le dijeron los otros a Mr. Dow– para buscar víveres". A su vuelta les salió el capitán al encuentro y estaban sumamente fatigados y cada hombre llevaba un pedazo de carne de ballena podrida; para llevar con menos trabajo aquel peso, habían hecho un agujero en el centro de cada trozo y metido por él la cabeza, lo mismo que los gauchos llevan sus ponchos o abrigos. Tan pronto como llegaba aquella carne podrida a una choza, un viejo cortaba en pedazos pequeños, los freía un instante, murmurando algunas palabras, y los distribuía entre la hambrienta familia, que durante todos estos preparativos guardaba profundo silencio. Cree Mr. Dow que siempre que una ballena perece junto a la costa entierran los indígenas grandes trozos en la arena, como recurso contra las hambres. Un joven indígena que teníamos a bordo descubrió un día una de estas reservas.

Cuando las diferentes tribus se hacen la guerra se vuelven caníbales. Si hemos de dar crédito al testimonio independiente de un joven interrogado por Mr. Dow y al de Jemmy Button, es realmente cierto que cuando se ven muy estrechados por el hambre en invierno se comen a las mujeres viejas antes de comerse a los perros; y al preguntar Mr. Dow el por qué de esta preferencia, le respondió: "Los perros pillan las nutrias y las viejas no las pillan". También explicó este muchacho cómo hacen para matarlas: las colocan sobre un fuerte humo hasta que se asfixian; y al describir este suplicio, imitaba riéndose, los gritos de las víctimas e indicaba las partes del cuerpo que se consideraban como mejores. Por horrible que sea semejante muerte, infligida por mano de los parientes y de los amigos, es más horrible aún pensar en los terrores que deben asaltar a las ancianas cuando el hambre comience a dejarse sentir. Se nos ha contado que entonces se escapan para salvarse a las montañas, pero que los hombres las persiguen y se las traen al matadero: ¡su propio hogar!

El capitán Fitz-Roy no ha podido nunca llegar a saber si los fueguenses creen en otra vida. A veces entierran a sus muertos en cavernas y otras en los bosques de las montañas; pero no hemos podido averiguar qué clase de ceremonias acompañan a la sepultura. Jemmy Button no quería comer pájaros, porque no quería *comer hombres muertos*, no hablan de los muertos sino con repugnancia. No tenemos motivo para creer que realicen ceremonia religiosa alguna; sin embargo, quizás las palabras murmuradas por el viejo antes de distribuir la ballena podrida a su hambrienta familia constituyesen una plegaria. Cada familia o tribu tiene su mago, cuyas funciones no hemos podido nunca definir con claridad. Jemmy creía en los sueños; pero como ya hemos dicho, no creía en el diablo. En suma, no creo que los fueguenses sean más supersticiosos que algunos de nuestros marinos, porque un viejo contramaestre creía firmemente que las terribles tempestades que nos asaltaron junto al cabo de Hornos procedían de tener fueguenses a bordo. Lo que yo oí en la Tierra del Fuego que se aproximase más a un sentimiento religioso, fue una palabra que pronunció York Minster en el momento de matar Mr. Bynoe algunos patos pequeñitos que él quería conservar como muestra. York Minster gritó entonces con tono solemne: "¡Oh, Mr. Bynoe, mucha lluvia, mucha nieve, mucho viento!". Evidentemente aludía a un castigo cualquiera por haber malgastado alimentos que podían servir de sostén al hombre. Nos contó en esta ocasión, y sus palabras eran atropelladas y salvajes y sus gestos violentos, que un día volvía su hermano a la costa a buscar unos pájaros muertos que había dejado allí, cuando vio arrastradas por el viento algunas plumas. El hermano dijo (y York imitaba la voz de su hermano): "¿Qué es esto?". Entonces avanzó arrastrándose, miró por encima del acantilado y vio a *un salvaje* que recogía los pájaros; avanzó un poco más, arrojó una gran piedra sobre el hombre y lo mató. Y añadía York que enseguida hubo por espacio de muchos días terribles tempestades, acompañadas de lluvia y nieve. Hasta donde pudimos comprenderle, parecía que consideraba a los elementos mismos como agentes vengadores; si es así, claro es que en una raza algo más avanzada en civilización pronto se hubiesen deificado los elementos. ¿Qué significan *hombres salvajes y malos*? Este punto me ha parecido siempre muy misterioso; después de lo que me dijo York cuando encontramos el sitio semejante a una cama de liebre, donde un hombre solo había pasado la noche, había yo creído que estos hombres eran ladrones obligados a abandonar la tribu; pero otras palabras oscuras me hicieron dudar de esta explicación. Casi he llegado a la conclusión de que lo que ellos llaman *hombres salvajes* son los locos.

Las diferentes tribus no tienen gobierno, ni jefe, y están rodeadas por otras tribus hostiles que hablan dialectos distintos. Están separadas unas de otras por un territorio neutral que permanece desierto; la principal causa de sus guerras perpetuas parece ser la dificultad que experimentan para proporcionarse alimentos. Todo el país no es más que una enorme masa de rocas abruptas, de colinas elevadas, de inútiles bosques, envueltos en brumas perpetuas y atormentados por tempestades incesantes. La tierra habitable se compone sólo de las piedras de la costa. Para encontrar alimento han de errar constantemente de playa en playa, y es tan escarpada la costa que no pueden cambiar de domicilio sino mediante sus miserables canoas. No pueden conocer las dulzuras del hogar doméstico, y menos aún las del afecto conyugal, porque el hombre no es más que el dueño brutal de su mujer o más bien de su esclava. ¡Qué acto se habrá cometido jamás tan horrible como aquel de que Byron fue testigo en la costa occidental! Vio a una desgraciada mujer recogiendo el cadáver sangriento de su hijo, a quien su marido había estrellado contra las rocas porque el niño había derramado un cesto de huevos de mar. ¿Hay, por lo demás, en su existencia nada que pueda desarrollar facultades intelectuales elevadas? ¿Necesitan imaginación, razón, ni juicio? Nada tienen que imaginar, nada que comparar, nada que decidir. Para despegar una lapa de las piedras, ni aun se necesita emplear la astucia, esa ínfima facultad del espíritu. En cierto modo pueden compararse sus escasas facultades al instinto de los animales, puesto que no se aprovechan de la experiencia. Su producción más ingeniosa, la canoa, tan primitiva como es, no ha hecho ningún progreso durante los doscientos cincuenta años últimos; para convencernos de ello no tenemos más que abrir los relatos del viaje de Drake.

Al ver a estos salvajes, las primeras preguntas que nos hacemos son: "¿De dónde proceden? ¿Quién puede haber decidido, quién ha forzado a una tribu de hombres a abandonar las hermosas regiones del norte, a seguir la cordillera, esa espina dorsal de América, a inventar y construir canoas que no emplean ni las tribus de Chile, ni las del Perú ni las del Brasil, y, por último, a ir a habitar uno de los países más inhospitalarios del mundo?".

Aunque todas estas reflexiones se presenten desde luego a nuestro ánimo, podemos estar seguros de que en su mayor parte no son fundadas. No hay ninguna razón para creer que el número de los fueguenses disminuye; ahora bien, sea cual fuere su felicidad, es bastante para que se adhieran a la vida. La Naturaleza, haciendo omnipotente el hábito y hereditarios sus efectos, ha adaptado al fueguense al clima y a las producciones de su miserable país.

Después de haber pasado seis días en la bahía de Wigwam, retenidos por el mal tiempo, volvimos a hacernos a la mar el 30 de diciembre. El capitán deseaba arribar a la costa oeste de la Tierra del Fuego para desembarcar a York y a Fuegía en su propio país. En cuanto entramos en alta mar nos vemos asaltados por una serie de tempestades y además nos es contraria la corriente, que nos arrastra hasta los 57º 23' de latitud sur. El 11 de enero de 1833 forzamos velas y arribamos a pocas millas de la gran montaña despedazada a que el capitán Cook ha dado el nombre de York Minster (origen del nombre de nuestro fueguense); pero una violenta tempestad nos obliga a plegar velas y a volver a alta mar. Las olas rompen con furia contra la costa y pasa la espuma por encima de los acantilados que tienen más de 200 pies de altura. El 12 redobla la tempestad su furor y no sabemos con exactitud dónde nos encontramos. Era muy poco agradable oír constantemente repetida la voz de mando: "¡Alerta al viento!". El 13 alcanza la tempestad su grado máximo; nuestro horizonte queda reducidísimo por las nubes de espuma que levanta el viento; el mar tiene un aspecto terrible; parece una inmensa llanura movediza cubierta por todas partes de nieve. Mientras que nuestro barco se agita horriblemente, los albatros, con las alas extendidas, parecen gozar del viento. Al mediodía viene una ola inmensa a llenar de agua una de nuestras balleneras, que hay que arrojar al mar en el acto. El pobre *Beagle* se estremece bajo el choque, y durante unos instantes resiste al gobernalle; pero como valiente barco que es, no tarda en rehacerse y presenta la proa al viento. Si una segunda ola hubiera seguido a la primera, se apodera de nosotros en el instante. Hace veinticuatro días que luchamos por ganar la costa occidental; los hombres están extenuados de cansancio, y desde hace tiempo no tienen ya un traje seco. El capitán Fitz-Roy abandona el proyecto de abordar al oeste rodeando la Tierra del Fuego. Por la tarde vamos a abrigarnos tras el falso cabo de Hornos y echamos el ancla en un fondeadero de cuarenta y siete brazas; al desarrollarse la cadena sobre el cabrestante deja escapar verdaderas chispas. ¡Cuán deliciosa es una noche tranquila después de tanto tiempo de haber sido juguete de los elementos embravecidos!

15 de enero de 1833. – Echa el *Beagle* el ancla en la bahía de Goeree. El capitán Fitz-Roy, resuelto a desembarcar a los fueguenses en el estrecho de

Ponsonby, lo cual desean, hace equipar cuatro embarcaciones para conducirlos allí por el canal del Beagle. Este canal, descubierto por el capitán Fitz-Roy durante su anterior viaje, constituye un carácter notable de la geografía de este país. Puede comparárselo al valle de Lochness, en Escocia, con su cadena de lagos y de bahías. El canal del Beagle tiene unas ciento veinte millas de largo por una anchura media, que varía muy poco de unas dos millas. En casi todas su extensión es recto hasta tal punto, que, limitada la vista a cada lado por una línea de montañas, se pierde en lontananza. Este canal atraviesa la parte meridional de la Tierra del Fuego, en dirección de este a oeste; hacia su parte media viene a unírsele formando ángulo recto con él, otro canal irregular llamado el estrecho de Ponsonby: allí es donde residen la tribu y la familia de Jemmy Button.

19 de enero. – Las cuatro embarcaciones tripuladas por veintiocho hombres parten al mando del capitán Fitz-Roy. Por la tarde penetramos en la desembocadura oriental del canal y poco después encontramos una pequeña bahía encantadora oculta por algunos islotes que la rodean. En ella armamos nuestras tiendas y encendimos fuego, nada tan delicioso como esta escena: el agua de la bahía lisa como un espejo, las ramas de los árboles colgando sobre los bordes de las rocas, los barcos anclados, las tiendas sostenidas en la enramada, el humo elevándose en grandes copos sobre el bosque que llena el valle, todo inundado de la más apacible calma. Al siguiente día, 20, se desliza tranquila nuestra flotilla sobre las aguas del canal y entramos en un distrito más habitado. Pocos de estos indígenas, ninguno tal vez, había visto todavía un hombre blanco. De todas maneras, es imposible pintar la sorpresa que experimentaron al ver nuestros barcos. En todos lados ardían fuegos (de donde el nombre de Tierra del Fuego), ya para llamar nuestra atención, ya para extender a lo lejos la noticia de un suceso extraordinario. Algunos indígenas nos siguieron corriendo a lo lejos de la costa por espacio de algunas millas. Nunca olvidaré la impresión que me causó el aspecto de uno de estos grupos de salvajes: cuatro o cinco hombres aparecieron de improviso en el vértice de una roca que caía perpendicular sobre el agua; enteramente desnudos, sueltos esparcidos sus largos cabellos y con gruesos garrotes en sus manos; dando saltos y echando los brazos al aire, hacían las más grotescas contorsiones y lanzaban los gritos más espantosos.

Hacia la hora de comer desembarcamos en medio de una tropa de fueguenses. En el primer momento manifestaron disposiciones hostiles, puesto que tenían sus hondas en la mano, hasta que el capitán Fitz-Roy hizo avanzar su lancha, dejando las otras atrás; pero no tardamos en hacernos buenos amigos, haciéndoles varios regalos, entre los cuales lo que más les satisfacía eran unas cintas rojas que les atábamos alrededor de la cabeza. Les gusta mucho nuestra galleta; pero habiendo uno de los salvajes tocado con la punta de dedo la carne en conserva que me preparaba yo a comer, y sintiéndola blanda y fría, manifestó tanto desagrado como hubiese podido yo experimentar por un trozo de ballena podrida. Jemmy se muestra avergonzado de sus compatriotas y declara que su tribu le es completamente indiferente: mucho se engañaba el pobre muchacho. Tan fácil es gustar a estos salvajes, como difícil satisfacerlos. Jóvenes y viejos, hombres y niños, no cesan de repetir la palabra *yammerschooner*, que significa *dame*. Después de haber indicado uno tras otro todos los objetos, hasta los botones de nuestros trajes, repitiendo su palabra favorita en todos los tonos posibles, acaban por emplearla dándole un sentido neutro y se van repitiendo: ¡*Yammerschooner*! Cuando han *yammerschooneado* con pasión, pero, en vano, por lo que ven, recurren a un sencillo artificio y señalan a sus mujeres y a sus hijos como si quisieran decir: "Si no quieres darme a mí lo que te pido, no se lo negarás a éstos".

Sin resultado intentamos, llegada la noche, encontrar un ansa deshabitado y tuvimos que vivaquear a poca distancia de una tropa de indígenas.

Muy inofensivos mientas que estaban en corto número, dejaron de serlo, como lo vimos en la mañana del 21, reunidos a los que llegaron, en los cuales notamos síntomas de hostilidad que nos hicieron temer si tendríamos que entablar lucha. Un europeo tiene grandes desventajas frente a frente de estos salvajes, que no tienen idea alguna de la potencia de las armas de fuego. El mismo movimiento indispensable para echarse a la cara el fusil, le presenta a los ojos del salvaje como muy inferior a un hombre de arco y flechas, de una lanza o de una honda. Es, por otra parte, imposible casi probarles nuestra superioridad sino con golpes mortales. Del mismo modo que las fieras, no parecen preocuparse del número; porque todo individuo si es atacado, en lugar de retirarse trata de romperos la cabeza con una piedra con la misma seguridad que un tigre trataría de haceros pedazos en circunstancias análogas. Una vez, apremiado muy de cerca, trató el capitán Fitz-Roy de espantar a una turba de salvajes de éstos, empezando por sacar el sable para amenazarlos, y no hicieron más que reírse.

Descargó entonces por dos veces su pistolete a poca distancia de la cabeza de un indígena; el hombre se extrañó mucho y se frotó la cabeza con cuidado; después se puso a hablar con sus compañeros muy deprisa, pero sin pensar en huir. Es muy difícil ponerse en el lugar de estos salvajes y comprender el móvil de sus acciones. En el caso que acabo de referir, con seguridad no había podido imaginarse el fueguense lo que podía ser el ruido de un arma de fuego descargada tan cerca de las orejas. Durante un segundo, quizá no dándose bien cuenta de lo que acababa de suceder y no sabiendo si era un ruido o un golpe, se frotó naturalmente la cabeza. De la misma manera cuando un salvaje ve un objeto alcanzado por una bala ha de pensar mucho tiempo antes de que pueda comprender cuál es la causa de este efecto: el hecho de un cuerpo que se hace invisible en virtud de su velocidad, debe ser, por otra parte, para él una idea del todo incomprensible. La fuerza excesiva de una bala que la hace penetrar en un cuerpo duro sin desgarrarlo puede inducir al salvaje a creer que la bala no tiene fuerza ninguna. Creo que muchos salvajes, tales como los que habitan en la Tierra del Fuego, han visto muchos objetos heridos por una bala y hasta animales muertos sin darse cuenta de la terrible potencia del fusil.

22 de enero. – Después de haber pasado una noche tranquila en lo que constituye territorio neutral entre la tribu de Jemmy y el pueblo que vimos ayer, continuamos nuestro agradable viaje. Nada prueba de un modo más claro la hostilidad que reina entre las diferentes tribus que estos extensos territorios neutrales. Por más que Jemmy conociese, hasta la saciedad, la fuerza de nuestra tropa, repugnaba mucho, al principio, desembarcar en medio de una tribu tan próxima y enemiga de la suya. Contábanos a menudo cómo atraviesan los salvajes Oeus las montañas; "cuando el follaje está rojo", para venir de la costa oriental a la Tierra del Fuego a atacar a los indígenas de esta parte del país. Era muy curioso observarlo cuando hablaba así, porque entonces brillaban sus ojos y daba al rostro una expresión salvaje. A medida que avanzamos en el canal del Beagle, toma el paisaje un aspecto magnífico y muy original; pero perdemos una gran parte del efecto de conjunto, porque nos hallamos demasiado bajos para ver la sucesión de las cadenas de montañas y no extiende nuestra vista más que por el valle. Las montañas alcanzan aquí una elevación de cerca de 3.000 pies y terminan en vértices agudos o punteados. Crecen en no interrumpida pendiente desde las orillas del mar, y una sombría floresta las cubre por completo hasta los 1.400 o 1.500 pies de altura. Hasta donde puede extenderse nuestra vista, distinguimos la línea perfectamente horizontal en que dejan de crecer los árboles, lo que resulta espectáculo muy curioso. Esta línea se parece mucho a la que deja la marea alta cuando deposita en la costa las plantas marinas.

Pasamos la noche cerca del punto de unión del estrecho de Ponsonby con el canal del Beagle. Una reducida familia de fueguenses, tranquilos e inofensivos, habita la pequeña ansa donde hemos desembarcado; enseguida vienen a unirse con nosotros alrededor de nuestro fuego. Aunque todos estábamos bien vestidos y a pesar de hallarnos cerca de la lumbre, estábamos muy lejos de sentir calor; y sin embargo, estos salvajes, completamente desnudos y mucho más distantes que nosotros de las brasas, sudaban a chorros, con gran sorpresa nuestra, lo confieso. De todas maneras parecían muy contentos de hallarse cerca de nosotros, y aprendieron de memoria la letra de una canción de los marineros; pero siempre cantaban algo retrasados, produciendo un eco muy extraño.

Cundió durante la noche la noticia de nuestra llegada, y al día siguiente, 23, muy de mañana, llegó toda una tropa de Tekeniska, tribu a la cual pertenecía Jemmy. Algunos habían corrido tanto, que venían echando sangre por las narices, y hablaban con tanta rapidez, que se les llenaba la boca de espuma; su cuerpo, desnudo y pintarrajeado todo de negro, blanco[9] y rojo, les hacía parecer otros tantos demonios después de una violenta batalla. Enseguida nos fuimos, acompañados por doce canoas, que cada una llevaba cuatro o cinco indígenas, para continuar nuestra navegación por el estrecho de Ponsonby hasta el punto en que el pobre Jemmy esperaba encontrar a su madre y a sus parientes. Ya se había enterado de la muerte de su padre; pero como había tenido "un sueño en su cabeza" a este propósito, no le produjo, al parecer, la noticia tanta impresión, y se consoló haciendo en alta voz esta reflexión muy natural: "Yo poder nada en esto". Y no llegó a saber ningún detalle respecto de aquella muerte, porque sus parientes evitaron hablarle de ello.

Jemmy se hallaba entonces en unos sitios que conocía bien, por lo cual guiaba él las lanchas hacia una preciosa ansita muy tranquila rodeada de islotes que todos los indígenas designaban con diferentes nombres. Allí encontramos una familia perteneciente a la tribu de Jemmy, pero no a sus parientes; pronto hicimos relaciones amistosas con ellos, y por la tarde se envió una canoa para notificar a los hermanos y a la madre de Jemmy la llegada de éste. Varios acres de buena tierra en ligera pendiente, no cubierta, como el resto, de turba ni de bosque rodeaban esta ansa. El capitán Fitz-Roy tuvo desde un principio la idea, como ya he dicho, de reintegrar a York Minster y a Fuegía en su tribu, en la costa occidental; pero habiendo manifestado el deseo de quedarse aquí, y siendo el lugar sumamente favorable, decidió establecer allí a todos los fueguenses de nuestra compañía, incluyendo en ellos a Matthews el misionero. Cinco días se emplearon en construir tres grandes *wigwams*, barracas o chozas, en desembarcar su bagaje y en formar dos jardines y sembrarlos.

La mañana siguiente a la de nuestra llegada, el 24, se presentan los fueguenses en tropel, viniendo entre ellos la madre y los hermanos de Jemmy, quien a una distancia prodigiosa reconoció la voz estentórea de uno de sus hermanos. Su primera entrevista resulta menos interesante que la de un caballo con uno de sus antiguos compañeros en un prado. Ninguna demostración de afecto; se contentan con mirarse cara a cara durante algún tiempo, y la madre se vuelve enseguida para ver si no falta nada en su canoa. York nos dice, sin embargo, que la madre de Jemmy se había mostrado inconsolable por la pérdida de su hijo y que lo había buscado por todas partes creyendo que tal vez lo hubiesen desembarcado después de habérselo llevado en la lancha. Las mujeres se ocuparon mucho de Fuegía y tuvieron toda clase de bondades para con ella. Ya habíamos notado que Jemmy casi había olvidado su lengua materna y en todo caso resultaba apurado porque sabía muy poco inglés. Era visible, pero no podíamos reír sin cierto sentimiento de piedad, oírlo hablar en inglés a su hermano salvaje, y después preguntarle en español (*¿no sabe?*) si no lo comprendía.

Todo marchó tranquilamente durante los tres días siguientes, mientras se trazaba el jardín y se construían las barracas (*wigwams*). Unos ciento veinte indígenas se habían reunido en otro sitio. Las mujeres trabajaban con ardor, mientras los hombres paseaban todo el día, sin dejar de vigilarnos un instante. Preguntaban por todo lo que veían y robaban cuanto podían.

Nuestros bailes y cantos les divertían mucho, pero lo que más les interesaba era ver cómo nos lavábamos en un arroyo cercano. Lo demás les admiraba poco, incluso nuestras lanchas. De todo lo que York había visto durante su viaje nada le había sorprendido tanto como un avestruz cerca de Maldonado, jadeando, en fuerza de su admiración, vino corriendo hacia Mr. Bynoe con el cual paseaba: "¡Oh Bynoe! ¡Oh! ¡pájaro, parece caballo!". Mucho les extrañaba a los indígenas, indudablemente, nuestra piel blanca, pero si hemos de creer los relatos de Mr. Low, el cocinero negro de un barco pescador les causó una sorpresa muchísimo mayor; se reunían tantos alrededor de aquel pobre muchacho que no consintió en adelante saltar nunca a tierra. Marchaba todo tan bien, que no dudaba yo en dar largos paseos, en compañía de algunos oficiales, por aquellas colinas y bosques circunvecinos. Sin embargo, el día 27 desaparecieron de improviso todas las mujeres y todos los niños. Tal desaparición nos produjo mayor inquietud por cuanto ni York, ni Jemmy pudieron decirnos la causa. Unos creían que la noche anterior habíamos asustado a los salvajes limpiando y descargando los fusiles; otros opinaban que todo dependía de que un salvaje viejo se había creído insultado porque un centinela le había impedido el paso; bien es verdad que el salvaje había escupido tranquilamente a la cara al centinela; demostrando por los gestos que después hizo junto a un camarada suyo, dormido, que le hubiera cortado con gusto la cabeza y se lo hubiese comido. Para evitar el peligro de una batalla que no hubiese dejado de ser fatal a tantos salvajes, pensó el capitán Fitz-Roy que lo mejor sería pasar la noche en un ansa inmediata. Matthews, con su valor sereno, tan natural en él, a pesar de que no parecía tener un carácter muy enérgico, resolvió quedarse con los fueguenses, que decían que no tenían nada que temer por sí mismos; y los dejamos en su aislamiento para pasar allí la primera noche.

Al día siguiente, 28, supimos felizmente, al volver, que había reinado la tranquilidad más perfecta; los salvajes se ocupaban, cuando llegamos, en pescar desde sus canoas. Se decidió el capitán a que regresaran al barco dos de nuestras lanchas y a ir con las otras dos a explorar las partes occidentales del canal del Beagle, y se propuso visitar a la vuelta el establecimiento que acababa de fundar. Toma el mando directo de uno de los botes, en el que tuvo la bondad de permitirme que lo acompañase, y confía el del otro a Mr. Hammond. Salimos, y con gran sorpresa nuestra observamos un calor extraordinario, tanto, que nos angustia. Con este admirable tiempo la vista que presenta el canal es hermosísima. Delante y detrás de nosotros se extiende esta sábana de agua encajada entre las montañas que se confunden en el horizonte. La presencia de varias ballenas inmensas proyectando agua en diferentes direcciones probaba, sin género de duda, que nos encontrábamos en un brazo de mar. Entonces tuve ocasión de ver dos de estos monstruos, probablemente macho y hembra, jugar contra las piedras de la costa cubierta de árboles, cuyas ramas se bañaban en el agua.

Continuamos nuestra navegación hasta la noche y plantamos luego nuestras tiendas en un ancón muy tranquilo. Nos consideramos muy felices al lograr un lecho de guijarros donde poder tender nuestras mantas. Los guijarros están secos y toman la forma del cuerpo, mientras que los terrenos turbosos son húmedos y la roca es dura y rugosa y la arena se mete por todas partes; pero cuando puede uno envolverse bien en mantas y se encuentra un buen lecho de guijarros se pasa una noche muy agradable.

Estaba yo de guardia hasta la una. En estas escenas hay algo de muy solemne; y en ninguna otra ocasión se comprende con tanta claridad el alejado rincón del mundo en que uno se encuentra. Todo tiende a producir este efecto; sólo el ronquido de los marineros bajo las tiendas, o el grito de un pájaro nocturno interrumpía el silencio de la noche. A veces también el ladrido de un perro que se oye a gran distancia recuerda que se está en un país habitado por salvajes.

29 de enero. – Llegamos por la mañana al punto en que el canal del Beagle se divide en dos brazos y penetramos en el brazo septentrional; el paisaje se hace más imponente todavía que antes: las altas montañas que lo cierran por el norte constituyen el eje granítico o espina dorsal del país, y se elevan a 3.000 y 4.000 pies de altura, habiendo un pico que alcanza 6.000 pies. Un manto de nieves perpetuas de deslumbradora blancura cubre los vértices de estas montañas, y numerosas cascadas, que serpentean brillantes a través de los bosques, vienen a verterse en el canal. En muchos puntos se extienden a lo largo de la falda de las montañas magníficos ventisqueros que llegan hasta la orilla misma de las aguas. Es imposible imaginar nada más hermoso que el admirable color azul de estos ventisqueros, sobre todo por el contraste extraño que hacen con el blanco mate de la nieve que los corona. Los fragmentos que constantemente se desprenden de estos ventisqueros flotan por todas partes, y el canal con sus montañas de hielo parece, en el espacio de una milla, un mar polar en miniatura. Habíamos encallado las lanchas en la costa para comer tranquilamente; no dejábamos de admirar un cantil perpendicular de hielo situado como a media milla de nosotros, deseando ver caer algunos fragmentos. De repente se desprende una masa con un ruido terrible e inmediatamente vemos una ola enorme que se echa sobre nosotros. Lánzanse los marineros hacia las embarcaciones, que corrían inminentísimo peligro de ser hechas pedazos; uno de ellos pudo agarrarlas por delante en el momento en que la ola se precipitaba y rompía en ellas; la ola lo arrastró y lo hizo rodar, pero sin herirlo por fortuna, y aun los botes chocaron tres veces entre sí, no experimentando ninguna avería.

Gran fortuna fue esta para nosotros; porque nos encontrábamos a 100 millas (161 kilómetros) del *Beagle* y nos hubiéramos quedado sin provisiones y sin armas de fuego. Había yo observado antes que varios grandes trozos de rocas tenían señales de haber sido recientemente transportados, y no podía explicarme estos cambios del lugar hasta que vi la ola de que he hablado. Una de las costas del puertecillo en que nos hallábamos está formada por un tajamar de micasquisto; el fondo por un acantilado de hielo de unos 40 pies de altura, y la otra por un promontorio de 50 pies de elevación, compuestos de inmensos cantos rodados de granito y de micasquisto, sobre el cual crecen árboles muy viejos. Este promontorio era evidentemente un montón acumulado de una época en que el ventisquero tenía dimensiones mucho mayores.

Llegados a la embocadura occidental del brazo septentrional del canal del Beagle, navegamos con un tiempo horrible entre varias islas desconocidas y desiertas. Es en casi todas partes tan escarpada la costa, que hemos tenido que recorrer muchas millas para encontrar un espacio bastante ancho donde colocar nuestras tiendas; hasta hemos tenido una vez que pasar la noche en un bloque de piedra rodeado de plantas marinas en putrefacción, y al subir la marea nos hemos visto obligados a buscar un punto más de nuestro viaje alto para no mojarnos. El punto extremo hacia el oeste es la isla Stewart y nos encontramos a la sazón a unas 150 millas (240 kilómetros) del *Beagle*. Para volver seguimos el brazo meridional y llegamos sin accidente al estrecho de Ponsonby.

6 de febrero. – Hemos llegado a Woollya, y se queja tanto Matthews de la conducta de los fueguenses, que el capitán se decide a volverlo a bordo del *Beagle*; más tarde lo dejamos en Nueva Zelanda, donde su hermano era misionero. En cuanto nos separamos comenzaron los indígenas a despojarlo de todo lo que tenía; todos los días llegaban nuevos grupos de fueguenses; York y Jemmy habían perdido muchas cosas y Matthews todo lo que no había tenido la precaución de enterrar. Se creía que los indígenas habían roto o desgarrado todo cuanto habían cogido, distribuyéndose los pedazos. Matthews estaba destrozado de cansancio; de día y de noche lo rodeaban los indígenas, haciendo, para que no durmiese, un ruido horrible junto a su cabeza. Un día lo mandó a un viejo que se marchase de su choza, pero volvió a poco con una piedra tremenda en la mano. Otro día acudió un pelotón armado de piedras y palos, y Matthews tuvo que aplacarlos a fuerza de regalos. Otros quisieron despojarlo de las ropas y pelarlo enteramente. Creo que llegamos a tiempo justo de salvarle la vida. Los parientes de Jemmy habían sido lo bastante vanos y lo bastante locos para enseñarles a sus vecinos de otras tribus todo lo que habían adquirido y para decirles cómo se lo habían proporcionado. Bien triste era tener que dejar a nuestros tres fueguenses en medio de sus salvajes compatriotas, pero ellos no sentían ningún temor, este pensamiento nos servía como de gran consuelo. York, hombre fuerte y resuelto, estaba casi seguro de salir sano y salvo, lo mismo que Fuegía, su mujer, de las emboscadas que pudieran tenderle. El pobre Jemmy parecía desolado y creo que se habría considerado muy dichoso de volverse entonces con nosotros. Su hermano le había robado muchas cosas, y para emplear sus mismas palabras: "¿Cómo llaman ustedes a esto?", se burlaba de sus compatriotas: "No saben nada", decía, en contraposición a todas sus costumbres de otras veces, y los trataba de abominables cochinos. Por más que no haya pasado sino tres años con hombres civilizados, no dudo de que nuestros tres fueguenses hubieran sido mucho más felices conservando nuestras costumbres, pero no era posible; hasta temo mucho que su visita a Europa no les haya sido perjudicial.

Por la tarde nos hicimos a la vela para regresar al *Beagle* y esta vez, no por el canal, sino bordeando la costa meridional. Nuestros barcos estaban muy cargados y la mar de leva, por lo cual no dejó de ofrecer peligros el pasaje. El 7 por la tarde, reingresamos a bordo de nuestro buque, después de una ausencia de veinte días; habiendo recorrido durante este tiempo 300 millas (480 kilómetros) en barcos descubiertos. El 11 volvió el capitán Fitz-Roy a hacer una visita a nuestros fueguenses, encontrándolos en cabal salud: no habían perdido más que algunos artículos desde nuestra partida.

A fines de febrero del siguiente año (1834), el *Beagle* echó el ancla en una pequeña y encantadora bahía, a la entrada oriental del canal del Beagle. El capitán Fitz-Roy se decidió a intentar el medio de evitar un gran rodeo, haciendo pasar su barco por el mismo camino que habían seguido las lanchas el año anterior para llegar a Woollya. Era ésta una atrevida maniobra con los vientos del oeste que entonces soplaban, pero fue coronada por el éxito. No vimos muchos indígenas hasta las cercanías del estrecho de Ponsonby; pero allí nos siguieron diez o doce canoas. Los fueguenses no comprendían absolutamente la razón de las bordadas que corríamos, y en lugar de alcanzarnos en cada una, trataban, en vano, de seguir nuestros zig-zags. No dejaba yo de observar con interés que la certeza de no tener nada que temer de los salvajes modifica grandemente las relaciones que con ellos se tienen. El año anterior, cuando no teníamos más que ligeras embarcaciones, había yo llegado a odiar hasta el eco de sus voces, tanto nos fastidiaban. La única palabra que oíamos entonces, era *yammerschooner*. Entrábamos en una bahía retirada, donde esperábamos pasar una noche tranquila, y de repente resonaba en nuestros oídos esta palabra odiosa, saliendo de cualquier rincón oscuro que no habíamos advertido; después una señal de fuego avisaba la noticia de nuestro paso. Al abandonar cada punto nos felicitábamos mutuamente y nos decíamos: "¡Gracias a Dios que al fin hemos dejado a estos salvajes atrás!". Un grito penetrante, lanzado desde enorme distancia, llegaba de improviso hasta nosotros, grito en el cual podíamos distinguir sin esfuerzo el odiado *yammerschooner*. Hoy, por el contrario, mientras más fueguenses había, más nos divertíamos, hombres civilizados y salvajes, todos reíamos, nos mirábamos y nos admirábamos. Los mirábamos con piedad, porque nos daban buenos peces y excelentes langostas, a cambio de guiñapos de cualquier clase; ellos aprovechaban la ocasión rarísima que les proporcionaban gentes tan locas que cambiaban ornamentos tan espléndidos por una comida. La sonrisa de satisfacción con que una joven de cara pintada de negro ataba con juncos varios pedazos de tela encarnada alrededor de su cabeza nos divertía extraordinariamente. Su marido, que gozaba del privilegio universal en este país de tener dos mujeres, llegó a estar celoso de las atenciones que teníamos con la más joven, por lo cual, después de una breve consulta con sus desnudas beldades les ordenó forzar los remos para alejarse.

La mayor parte de los fueguenses tienen en verdad nociones de cambio. Daba yo a un hombre un clavo grueso, regalo muy apreciable en este país, sin pedirle nada a cambio, y él escogía inmediatamente dos peces que me enviaba en el pico de su lanza. Si un presente destinado a una canoa caía cerca de otra, se le entregaba en el acto a su legítimo poseedor. La joven fueguense que Mr. Low llevaba a bordo se encendía en cólera cuando se la llamaba embustera; lo que prueba que comprendía el alcance del insulto que se le dirigía. Esta vez, como todas, nos ha sorprendido en extremo que los salvajes paren muy poco o nada la atención en muchas cosas cuya utilidad debían comprender. Cosas muy sencillas, tales como la belleza de las telas rojas o la de los vidrios azules; la falta de mujeres entre nosotros, el cuidado que poníamos en lavarnos, excitaban mucho más su admiración que un objeto grandioso o complicado, nuestro barco, por ejemplo. Bougainville observa con razón, hablando de estos pueblos, que tratan "las obras maestras de la industria humana como las leyes de la Naturaleza y sus fenómenos".

El 5 de marzo echamos el ancla en la bahía de Woollya, pero no encontramos allí a nadie. Nos alarmó esto tanto más, cuanto que creíamos comprender por los gestos de los indígenas del estrecho de Ponsonby que había habido batalla. Más tarde hemos sabido que los terribles Oeus habían hecho una incursión. Sin embargo, muy pronto se aproximó a nosotros una canoíta, con una bandera en la proa y vimos que uno de los hombres que la tripulaban se lavaba la cara a grandes garfadas para quitarse la pintura; aquel hombre era nuestro pobre Jemmy, ya hoy hecho un salvaje flaco, huraño, con la cabellera en desorden y todo desnudo a excepción de un pedazo de tela alrededor de la cintura. No lo conocimos hasta que estuvo a nuestro lado, porque estaba muy vergonzoso y volvía la espalda al barco. Lo habíamos dejado gordo, limpio, bien vestido; no he visto nunca cambio más completo, ni más triste. Pero en cuanto se vistió, en cuanto desapareció el primer aturdimiento, volvió a ser lo que era. Come con el capitán Fitz-Roy y lo hace con la pulcritud de otros tiempos. Nos dice que tiene *demasiado* (quiere decir *bastante*) que comer, que no tiene frío, que sus parientes son gente brava y que no quiere volver a Inglaterra. Por la tarde descubrimos la causa de aquel gran cambio en las ideas de Jemmy: llega al barco su joven y linda mujer. Siempre agradecida, llevaba dos magníficas pieles de nutria para sus mejores amigos y puntas de lanza y flechas fabricadas por ella misma para el capitán. Nos dijo que ella había construido su canoa y se vanagloriaba de poder hablar un poco ¡su lengua materna!

Y, cosa extraña, ha enseñado algunas palabras inglesas a toda su tribu. Jemmy ha perdido todo lo que le dejamos. Nos contó que York Minster había construido una gran canoa y que acompañado de Fuegia, su mujer, había vuelto hacía algunos meses a su país despidiéndose de Jemmy con una gran traición: persuadió a su madre y a él de que lo acompañaran a su país y una noche los abandonó robándoles todo lo que tenían.

Jemmy se fue a acostar a tierra, pero volvió a la mañana siguiente y permaneció a bordo hasta el momento en que se dio a la vela el buque, lo que horrorizó a su mujer, que no cesó de gritar hasta que volvió a su canoa. Salió cargado con una porción de objetos de gran valor para él. Todos sentimos alguna pena al pensar que estrechábamos su mano por última vez. No dudo que hoy será tan feliz, o más quizás, que si no hubiese salido nunca de su país. Todos debemos desear sinceramente que la noble esperanza del capitán Fitz-Roy se realice y que en gratitud a los numerosos sacrificios que por estos fueguenses ha hecho, algún marinero náufrago reciba auxilio y protección de los descendientes de Jemmy Button y de su tribu. Tan pronto Jemmy puso el pie en tierra encendió una hoguera en se-

PATAGONES EN BAHÍA GREGORY (DE CONRAD MARTENS).

ñal de última despedida, mientras que nuestro barco proseguía su ruta hacia alta mar.

La perfecta igualdad que reina entre los individuos que componen las tribus fueguenses retrasará por mucho tiempo su civilización. Sucede a las razas humanas lo mismo que a los animales, a quienes el instinto impulsa a vivir en sociedad, son más a propósito para el progreso cuando obedecen a un jefe. Sea ello una causa o un efecto, los pueblos más civilizados tienen siempre el gobierno más artificial. Los habitante de Otahiti, por ejemplo, estaban gobernados por monarcas hereditarios en la época de su descubrimiento y habían adquirido mayor grado de civilización que otra rama del mismo pueblo, los neozelandeses, que, aun cuando hayan hecho grandes progresos porque se los obligó a ocuparse de agricultura, eran republicanos en el más absoluto sentido de la palabra. Parece imposible que el estado político de la Tierra del Fuego pueda mejorarse mientras no surja un jefe cualquiera armado de poder bastante para asegurar la posesión de los progresos adquiridos; el dominio de los animales, por ejemplo. En la actualidad, si se le da a uno de ellos una pieza de tela, la rasga en pedazos y cada uno toma su parte: ningún individuo puede ser más rico que su vecino. Por otra parte, es difícil que surja un jefe en tanto que estas tribus no hayan adquirido la idea de la propiedad, idea que les permitirá manifestar su superioridad y acrecentar su poder.

Creo que el hombre en esta parte extrema de América del Sur está más degradado que en ninguna otra parte del mundo. Comparados con los fueguenses, las dos razas insulares del mar del Sur que habitan el Pacífico son civilizadas. El esquimal en sus cuevas subterráneas goza de algunas de las comodidades de la vida, y cuando va en su canoa muestra gran habilidad. Algunas de las tribus del África meridional que se alimentan de raíces y que viven en medio de llanuras silvestres y áridas son sin duda muy miserables. El australiano se asemeja al fueguense por la sencillez de las artes de la vida; pero puede alardear, sin embargo, de su *boomerang*, de su lanza, de su bastón de arrojo, de su manera de subir a los árboles, de las astucias que emplea para cazar los animales silvestres. Por más que el australiano sea superior al fueguense bajo el punto de vista de los progresos realizados, no se sigue de aquí en modo alguno que le sea superior en capacidad mental. Me atrevo a creer, por el contrario, después de lo que he visto de los fueguenses a bordo del *Beagle* y de lo que he leído acerca de los australianos, que se acerca más a la verdad la opinión opuesta.

Estrecho de Magallanes. Puerto Desolación. Ascensión al monte Taru. Bosques. Setas comestibles. Zoología. Inmensa planta marina. Salida de la Tierra del Fuego. Clima. Árboles frutales y producciones de las costas meridionales. Altura de la línea de nieves perpetuas en la cordillera. Descenso de los ventisqueros hacia el mar. Formación de las montañas de hielo. Acarreo de los bloques de piedra. Clima y producciones de las islas antárticas. Conservación de los cadáveres helados. Recapitulación.(*)

Estrecho de Magallanes. Clima de las costas meridionales

Durante la segunda quincena del mes de mayo de 1834 penetramos por segunda vez en la boca oriental del estrecho de Magallanes. En ambas costas de esta parte del estrecho consiste el país en llanuras casi del mismo nivel, muy semejantes a las de la Patagonia. El cabo Negro, que se halla un poco al interior de la segunda parte, más estrecha, puede considerarse como el punto en que comienza el terreno a tomar los caracteres distintivos de la Tierra del Fuego. En la costa occidental y al sur del estrecho hay un terreno que parece un parque y une entre sí estos dos países, cuyos caracteres son diametralmente opuestos, hasta el punto de sorprender tan radical cambio de paisaje en un espacio de 20 millas. Si examinamos una distancia algo mayor, como de 60 millas, entre Puerto Desolación y la bahía de Gregory, por ejemplo, resulta la diferencia todavía más extra-

---

(*) N. del E.: Aquí Darwin retoma el hilo del relato, continuándolo en mayo de 1834, fecha en que lo había dejado.

ña. En Puerto Desolación se encuentran montañas redondeadas cubiertas de bosques impenetrables anegados por la lluvia, originada por una sucesión no interrumpida de tempestades; en el cabo Gregory, por el contrario, un magnífico cielo azul, y una atmósfera muy clara se dilatan sobre secas y estériles llanuras. Las corrientes atmosféricas, aunque rápidas y turbulentas, por más que no parezcan detenidas por ninguna barrera, se las ve seguir una vía determinada y regular, como un río en su lecho.

Durante nuestra anterior visita (en enero) habíamos tenido una entrevista, en el cabo Gregory, con los famosos gigantes patagones, que nos recibieron con gran cordialidad. Sus grandes abrigos de piel de guanaco, sus largos cabellos flotantes, su aspecto general los hacen parecer más altos de lo que realmente son. Por término medio vienen a tener seis pies, aunque algunos son más altos; los más pequeños son pocos; las mujeres son también muy altas; en suma, ésta es la raza más corpulenta que en mi vida he visto. Sus facciones se parecen mucho más a las de los indios que he visto en el norte con Rosas; sin embargo, tienen un aspecto más salvaje y más formidable, se pintan la cara con rojo y negro, y uno de ellos estaba cubierto de rayas y puntos blancos como un fueguense. Les ofreció el capitán Fitz-Roy llevar a dos o tres de ellos a bordo del *Beagle*, y todos querían ir. Por esto tardamos algún tiempo en abandonar la costa; al fin llegamos a bordo con nuestros tres gigantes, que comieron con el capitán y se condujeron como unos verdaderos caballeros. Sabían servirse de los cuchillos y los tenedores y cucharas; el azúcar les gustaba mucho. Ha tenido esta tribu tan frecuente ocasión de comunicarse con los balleneros, que la mayor parte de los individuos que la componen saben algo de inglés y de español; están medio civilizados, y su desmoralización es proporcional a su civilización.

Al día siguiente bajó a tierra una numerosa escuadra para comprarles pieles; no quisieron armas de fuego, sino que lo que más solicitaban era tabaco con preferencia a las hachas y herramientas. Toda la población de los toldos, hombres, mujeres y niños, se colocó en una altura del terreno; lo que constituía un espectáculo interesante, no pudiendo por menos de sentirse atraído hacia los llamados gigantes, tan confiados, tan agradables, y de tan buen humor. Al despedirnos nos rogaron que volviésemos a visitarlos. Les agrada mucho tener consigo algunos europeos, y la vieja María, una de las tres mujeres más influyentes de la tribu, suplicó a Mr. Lowe que permitiera a uno de los marineros quedarse allí con ellos. La mayor parte del año la pasan aquí, pero en verano se van a cazar al pie de la cordillera, y a veces suben hacia el norte hasta el río Negro, a distancia de 750 millas (1.200 kilómetros). Tienen muchos caballos; según Lowe, cada hombre tienen cinco o seis, y hasta las mujeres y los niños tienen cada uno el suyo. En 1580 estaban estos indios armados de arcos y flechas que desde hace mucho tiempo han desaparecido; también entonces tenían algunos caballos. Hay un hecho curioso que prueba la rapidez con que se multiplican estos animales en la América del Sur. Se desembarcaron los primeros caballos en Buenos Aires en 1537; abandonada esta colonia por algún tiempo, recobraron los caballos el estado salvaje, y ¡sólo cuarenta y tres años después, en 1580, se los encuentra ya en las costas del estrecho de Magallanes! Me ha contado Mr. Lowe que una tribu vecina de indios que hasta ahora no ha usado el caballo, comienza a conocer este animal y a apreciarlo; la tribu que habita los alrededores de la bahía de Gregory le da sus caballos más viejos, todos los inviernos, y unos cuantos hombres de los más peritos en su manejo, para ayudarlos en sus cacerías.

1º de junio. – Echamos el ancla en la hermosa bahía donde se halla el Puerto Desolación. Comienza el invierno y nunca he visto paisaje más triste y sombrío. El follaje del bosque es tan oscuro, que parece negro, y lo que no está negro blanquea por la nieve que lo cubre, distinguiéndose sólo confusamente a través de una atmósfera brumosa y fría. Por fortuna nuestra hace un tiempo magnífico dos días seguidos. En uno de éstos presenta un soberbio espectáculo el monte Sarmiento, montaña bastante distante y que se eleva a 6.800 pies. Una de las cosas que más me sorprendió en la Tierra del Fuego es la escasa elevación aparente de las montañas realmente muy altas. Creo que esta ilusión proviene de una causa que a primera vista no se sospecha, y es que toda la masa, desde la orilla del mar hasta el vértice, se presenta a la vista. Recuerdo haber visto una montaña desde las orillas del canal del Beagle: y en aquel punto abarcaba la vista de un solo golpe toda la montaña desde la base al vértice; he vuelto a verla después, pero desde el estrecho de Ponsonby, y entonces dominando otras cadenas; pues bien, me pareció infinitamente más alta, porque las cadenas intermedias me permitían mejor apreciar su elevación.

Antes de llegar a Puerto Desolación vimos a dos hombres que corrían a lo largo de la costa anhelando alcanzar nuestro barco. Se envía una canoa para recogerlos, y resultan ser dos marineros que han desembarcado de un ballenero y han estado viviendo con los patagones. Los han tratado estos indios con su acostumbrada benevolencia, y separados de ellos accidentalmente se dirigían a Puerto Desolación, con la esperanza de encontrar allí un barco cualquiera. Es indudable que se trataba de abominables vagabundos, pero no he visto nunca hombres de aspecto más miserable. Desde hacía algunos días no habían tenido otro alimento que algunos moluscos y bayas silvestres; sus vestidos, verdaderos andrajos, estaban, además, quemados por varios sitios, por haberse acostado demasiado cerca del fuego. Llevaban algunos días de hallarse expuesto a la lluvia, al granizo y la nieve, y, sin embargo, disfrutaban de buena salud.

Durante nuestra estancia en Puerto Desolación vinieron los fueguenses a molestarnos dos veces. Habíamos desembarcado gran cantidad de herramientas y ropas, y teníamos algunos hombres en tierra; por lo cual creyó el capitán que convenía mantener a los salvajes a distancia. La primera vez se dispararon algunos tiros al aire, cuando estaban bastante lejos y de modo que no se los alcanzase. Era muy curioso observar con los anteojos la conducta de los indios en tales momentos. A cada bala que caía al suelo recogían piedras para tirarlas contra el barco, que estaría a milla y media de distancia. Se mandó luego una chalupa con orden de aproximarse y hacer algunas descargas de mosquetería cerca de ellos. Se ocultaron entonces detrás de los árboles, y tras de cada descarga disparaban ellos sus flechas, que no podían llegar hasta la chalupa, como por señas, y riéndose, lo hacía observar el oficial que la mandaba. Se encolerizaron tanto entonces, que sacudían con rabia los abrigos; pero no tardaron en comprender que las balas alcanzaban a los árboles por encima de sus cabezas y escaparon. Desde ese día nos dejaron en paz y no trataron de aproximarse a nosotros. En este mismo punto, y durante un viaje anterior del *Beagle*, habían molestado mucho los salvajes; para asustarlos se lanzó un cohete sobre sus chozas, y el éxito fue completo; uno de los oficiales me contó el extraño contraste que se produjo entre el clamoreo inmenso mezclado con los ladridos de los perros, mientras el cohete brillaba por el aire, y el profundo silencio que siguió uno o dos minutos después. A la mañana siguiente no había un solo fueguense por aquellos alrededores.

Durante nuestra estancia, en el mes de febrero, salí una mañana a las cuatro para hacer la ascensión al monte Taru, que alcanza unos 2.600 pies de altura y es el punto culminante de aquellos lugares. Fuimos en lancha hasta el pie de la montaña, pero no habíamos elegido por desgracia el mejor sitio para la ascensión, y comenzamos a trepar. El bosque empieza en el punto en que se detienen las mareas altas. Después de dos horas de esfuerzos, empiezo a desesperar de llegar a la cima. De tal manera espeso es el monte, que tenemos que consultar la brújula a cada paso, pues, aun cuando nos encontramos en un lugar montañoso, apenas podemos percibir ningún objeto. En los barrancos profundos, mortales escenas de desolación inenarrables; fuera de los barrancos soplan vientos tempestuosos; en el fondo, ni un soplo de aire que haga temblar las hojas, por muy altos que sean los árboles. En todas partes el suelo frío, tan sombrío y tan húmedo, que ni musgos, ni helechos, ni hongos pueden crecer. En los valles, apenas podíamos avanzar, ni aun arrastrándonos, por lo que obstruían el paso por todas partes los muchos troncos inmensos de árboles podridos, diseminados en todas direcciones. Al atravesar estos puentes naturales, nos encontramos de improviso detenidos, porque nos hundimos hasta las rodillas en la madera podrida. Otras veces nos apoyábamos en lo que nos parecía un árbol magnífico, y veíamos sorprendidos que no era más que una masa de putrílago dispuesta a caer al primer contacto. Por fin llegamos a la región de los árboles achaparrados, y pronto ganamos la parte desnuda de la montaña y subimos a la cumbre. Desde este punto se extiende a nuestra vista un paisaje con todos los caracteres de la Tierra del Fuego: cadenas de colinas irregulares, aquí y allí masas de nieve, profundos valles verde-amarillentos y brazos de mar que cortan las tierras en todas las direcciones. El viento es fortísimo y horriblemente frío y la atmósfera brumosa; por lo cual permanecemos poco tiempo en aquella altura. La bajada es menos laboriosa que la subida, porque el peso mismo del cuerpo abre paso, y los resbalones y caídas que damos nos llevan, al menos, en la dirección conveniente.

Ya he hablado del carácter sombrío y triste que presentan estas selvas, formadas de árboles siempre verdes, y en las cuales crecen dos o tres especies con exclusión de toda otra. En medio del bosque crece un gran número de plantas alpestres muy pequeñas, que salen todas de la masa de turba y ayudan a formarla. Estas plantas son muy notables por lo mucho que se parecen a las especies que crecen en las montañas de Europa a pesar de los muchos miles de millas de distancia a que se hallan. La parte central de la Tierra del Fuego donde se encuentra la formación de arcilla esquistosa es la más favorable para el crecimiento de los árboles; por el contrario, hacia la costa no alcanzan casi nunca el grueso y proporciones completos, porque el suelo granítico es más pobre y se hallan expuestos a vientos más violentos. Cerca de Puerto Desolación he visto más árboles grandes: he medido un haya que tenía que en ninguna otra parte cuatro pies y seis pulgadas de circunferencia; habiéndolos, además, hasta de trece pies. El capitán King habla también de un haya que tenía siete pies de diámetro y diecisiete por encima de las raíces.

Hay una producción vegetal que merece ser señalada por su importancia como alimento. Es una seta globulosa, de color amarillo claro, que crece en gran número sobre las hayas. Cuando verde es elástica, redondeada y de superficie lisa; pero al madurar se arruga, toma más consistencia y toda su superficie se riza y talla de huequecillos profundos. Esta seta pertenece a un género nuevo y curioso[10]; otra especie he encontrado en una especie distinta de haya en Chile; y me dice el doctor Hooker que acaba de encontrarse una tercera especie en otra tercera especie de haya en la tierra de Van-Diemen. ¡Qué extraño parentesco entre los hongos parásitos y los árboles sobre los que crecen en partes del mundo tan distantes! En la Tierra del Fuego las mujeres y los niños recogen estas setas en grandes cantidades cuando están maduras, y las comen los indígenas sin cocerlas. Tienen un sabor mucilaginoso azucarado, y un aroma que se parece algo al de las nuestras. Fuera de algunas bayas, procedentes en su mayor parte de un arbusto enano, no comen los indígenas otro vegetal más que esta seta. Antes de la introducción de la papa comían en Nueva Zelanda las raíces del helecho; la Tierra del Fuego es hoy, creo, el único país del mundo en que sirven de artículo alimenticio en grande escala una planta criptógama.

Como podía esperarse de la naturaleza del clima y de la vegetación, la zoología de la Tierra del Fuego es pobre. Entre los mamíferos se encuentran, además de la ballena y la foca, un murciélago, especie de ratón (*Reithrodon chinchilloides*), dos verdaderos ratones, un *Ctenomys*, muy inmediato o idéntico al tucutuco, dos zorros (*Canis magallanicus* y *C. azaoe*), una nutria de mar, el guanaco y un gamo. La mayor parte de estos animales no habitan más que en la parte oriental, la más seca del país, y nunca se ha visto al gamo al sur del estrecho de Magallanes. Cuando se observa la semejanza general de los acantilados formados de gres blando, de lodo y de guijarros en las costas opuestas del estrecho, inducen a creer que en otro tiempo han debido ser estas tierras una sola; y esto explica la presencia de animales tan delicados y tan tímidos como el tucutuco y el *Reithrodon*. La semejanza de los acantilados no prueba, en realidad, la unión anterior, puesto que, en efecto, se forman de ordinario por la intersección de capas que antes del levantamiento de las tierras se han acumulado cerca de las costas existentes entonces; pero hay, sin embargo, una notable coincidencia en el hecho de que las dos grandes islas, separadas del resto de la Tierra del Fuego por el canal del Beagle, tienen unos acantilados compuestos de materiales que pueden llamarse aluviones estratificados, situados precisamente enfrente de otros semejantes en el lado opuesto, mientras que la otra isla está exclusivamente rodeada de rocas cristalinas antiguas. En la primera, que se llama isla Navarin, se encuentran los zorros y los guanacos; pero en la segunda, isla Hoste, aunque semejante bajo todos los puntos de vista, y por más que no se halle separada del resto del país por un canal de media milla de ancho, no se encuentra ninguno de estos animales, si es que he de creer lo que acerca de este punto me ha asegurado muchas veces Jemmy Button.

Algunos pájaros habitan estos bosques tan sombríos. De vez en cuando se oye el grito quejumbroso de un papamoscas de moño blanco (*Myiobius albiceps*) que se oculta en la copa de los árboles más elevados; con menos frecuencia todavía se percibe el retumbante canto de un pico negro que lleva una elegante cresta escarlata. Un pequeño reyezuelo (abadejo) de plumaje oscuro (*Scytalopus magallanicus*) salta de acá para allá y se oculta en medio de la masa informe de los troncos caídos y podridos; pero el pájaro más común en el país es el *Oxyurus tupinieri*. Se lo encuentra en los bosques de hayas, casi en la cúspide de las montañas y hasta en el fondo de los barrancos más sombríos e impenetrables. Este pajarillo parece más numeroso de lo que en realidad es, por su costumbre de seguir con curiosidad a quien penetra en estos bosques silenciosos; saltando de rama en rama a poca distancia del rostro del invasor, deja escuchar un grito agudo. No busca, como el *Certhia familiatis*, lugares solitarios; no salta a los árboles, como éste, sino que, como el reyezuelo del sauce, brinca de un lado a otro y busca los insectos en todas las ramas. En los sitios más abiertos se encuentran tres o cuatro especies de gorriones, un zorzal, un estornino (o *Icterus*), dos *Opetiorhyncos*, dos halcones y varios búhos.

La falta de toda especie de reptiles constituye uno de los caracteres más notables de la zoología de este país, lo mismo que de las islas Falkland. Y no es sólo en mis propias observaciones en las que fundo este aserto; los habitantes españoles de dichas islas me lo han asegurado, y respecto de la Tierra del Fuego había insistido en ello Jemmy Button también. En las orillas del Santa Cruz, por los 50° sur, he visto una rana; puede creerse que estos animales lo mismo que los lagartos habitan hasta los alrededores del estrecho de Magallanes, donde el país conserva los caracteres que distinguen a la Patagonia; pero no existe ni uno en la Tierra del Fuego. Fácilmente se comprende que el clima de este país no conviene a ciertos reptiles, como el lagarto, por ejemplo; pero no es tan sencilla de explicar la falta de ranas.

Se encuentran muy pocos escarabajos; sólo una larga experiencia ha podido convencerme de que un país tan grande como Escocia y cubierto de vegetación, con regiones tan diferentes entre sí, tenga tan pocos insectos. Los que he encontrado pertenecen a especies alpestres (*Harpalida* y *Heteromera*), que viven bajo las piedras. Los Chrysomelidos que se nutren de vegetales, tan característicos de los países tropicales, faltan aquí en absoluto. He visto algunas moscas, ciertas mariposas y abejas, pero ningún orthóptero[11]. En los estanques he encontrado algunos insectos acuáticos, pero en cortísimo número, y no hay conchas de agua dulce. La *Succinea* que aparece a primera vista como una excepción, debe considerarse aquí como concha terrestre porque vive sobre las hierbas húmedas, lejos del agua. Las conchas terrestres frecuentan sólo los mismo puntos alpestres que los insectos. Ya he indicado el contraste que existe entre el aspecto general de la Tierra del Fuego y el de la Patagonia: la entomología es palmario ejemplo. No creo que haya en estas dos comarcas una sola especie común, y en verdad el carácter general de los insectos es de todo en todo diferente.

Si después de haber examinado la tierra estudiamos el mar, veremos que éste encierra seres vivos en tan gran número como escaso es el de los que alimentan la tierra. En la Tierra del Fuego hay una producción marina que por su importancia merece especial mención. Hay un alga, el *Macrocystis pyrifera*, que crece en todas las rocas hasta grandes profundidades, lo mismo en las costas exteriores que en los canales interiores[12]. Durante los viajes del *Adventure* y del *Beagle* creo que no se ha descubierto una sola roca cerca de la superficie que no haya sido indicada por esta planta flotante. Se comprende cuán grandes servicios prestará a los barcos que navegan en estos mares tempestuosos y a cuántos no habrá salvado de naufragios. Nada más sorprendente que ver crecer y desarrollarse una planta en medio de esos inmensos escollos del océano occidental donde ninguna roca, por dura que sea, puede resistir mucho tiempo a la acción de las olas. Su tallo es redondo, escurridizo, liso, y pocas veces alcanza más de una pulgada de diámetro. Varias de estas plantas reunidas son bastante resistentes para soportar el peso de las grandes piedras, sobre las cuales trepan en los canales interiores, a pesar de ser estas piedras de tal magnitud que no puede un hombre sacarlas del agua para colocarlas en una canoa. Dice el capitán Cook, en su segundo viaje, que en la Tierra de Kerguelen se cría esta planta a una profundidad de 24 brazas; ahora bien, como no sube en dirección perpendicular, sino que forma ángulo agudo con el fondo, y enseguida se extiende en gran extensión por la superficie del mar, me considero autorizado para decir que algunas de estas plantas alcanzan una longitud de 60 y más brazas. No creo que haya ninguna otra planta cuyo tallo adquiera esa longitud de 350 pies de que habla el capitán Cook. Además, el capitán Fitz-Roy las ha encontrado que crecían a 45 brazas de profundidad. Delgadas capas de esta planta marina, aun cuando no tengan bastante extensión, forman excelentes rompeolas flotantes. Muy curioso resulta ver con qué rapidez, en un puerto expuesto a la acción de las olas, las muy grandes que vienen de lejos disminuyen de altura y se transforman en agua tranquila al atravesar estos tallos flotantes.

El número de seres vivos de todos los órdenes cuya existencia está ligada a la de estas algas es, en verdad, sorprendente. Podría llenarse un grueso volumen sin más que describir los habitantes de estos bancos de plantas marinas. Casi todas las hojas, menos las que flotan en la superficie, se hallan cubiertas de tantos zoófitos que parecen blancas. Se encuentran formaciones extraordinariamente delicadas, unas habitadas por pólipos sencillos parecidos a la *Hydra*, otras por especies mejor organizadas o por magníficos abscidios compuestos. También se encuentran adheridos a estas conchas patelliformes algunos *Trocos*, varios moluscos desnudos y otros bivalvos. Innumerables crustáceos frecuentan las distintas partes de la planta. Cuando se sacuden las grandes raíces enmarañadas de estas algas, caen muchísimos pececillos, conchas, jibias, escarabajos de muchos géneros, huevos de mar, estrellas de mar, magníficos holuthurios, plancrias y animales de mil formas diversas. Cada vez que he examinado una rama de esta planta he descubierto animales nuevos de las más curiosas formas. En Chile, donde no crecen tan bien, no se encuentran en ellas conchas, ni zoófitos, ni crustáceos; pero no les faltan algunos flustros y abscidios que pertenecen, sin embargo, a diferente especie que los de la Tierra del Fuego, lo cual prueba que la planta tiene habitación más extensa que sus moradores. No puedo comparar estos grandes bosques acuáticos del hemisferio meridional más que a los terrestres de las regiones intertropicales. Seguramente la destrucción de un bosque en cualquier país, no extrañaría con mucho la muerte de tantas especies animales como la desaparición del *Macrocystis*. Entre las hojas de esta planta viven muchísimas especies de peces que en ninguna otra parte podrían encontrar abrigo y alimento, y si éstos desapareciesen, los cormoranes y demás pájaros pescadores, las nutrias, las focas, las marsoplas perecerían también muy pronto; por último, el salvaje fueguense, el miserable dueño de este miserable país, redoblaría sus festines de caníbal, disminuiría en número y dejaría tal vez de existir.

8 de junio. – Al rayar el día levamos anclas y abandonamos Puerto Desolación. Decide el capitán Fitz-Roy dejar el estrecho de Magallanes por el de la Magdalena, descubierto hace poco tiempo. Nos dirigimos directamente al sur, siguiendo ese sombrío embudo a que ya me he referido y que he dicho que parecía conducir a otro mundo más terrible que éste. El viento es bueno, pero hay mucha bruma, por lo que no distinguimos el paisaje sino de tarde en tarde. Gruesas nubes, negras, pasan con rapidez sobre las montañas, cubriéndolas casi desde la base al vértice. Las pocas que distinguimos entre las masas negras nos interesan mucho: vértices recortados, conos de nieve, ventisqueros azules, siluetas que se destacan sobre un cielo de color lúgubre, aparecen a diferentes alturas y distancias. En medio de estos cuadros echamos el ancla en el cabo Turu. En la base de los altos y casi perpendiculares acantilados cerca del monte Sarmiento, oculto entonces por las nubes, que rodean la pequeña bahía en que nos encontramos, nos recuerda una choza (*wigwam*) abandonada que en ocasiones habita el hombre estas regiones desoladas. Pero sería difícil imaginar un lugar donde parezca haber menos derechos y menos autoridad: las obras inanimadas de la Naturaleza: rocas, hielos, nieve, viento y agua, libran perpetua batalla, y coaligadas contra el hombre tienen aquí la autoridad absoluta.

9 de junio. – Asistimos a un espectáculo espléndido: el velo de nubes que nos oculta el Sarmiento se disipa poco a poco y descubre a nuestra vista la montaña. Es una de las más altas de la Tierra del Fuego y mide 6.800 pies. Sombríos bosques cubren su base hasta un octavo próximamente de su altura total, cubriéndola hasta el vértice una sábana de nieve. Estas masas inmensas de nieve, que no se funden jamás, y que parecen destinadas a durar tanto como el mundo, presentan un grande ¿qué digo? un sublime espectáculo. La silueta de la montaña se destaca clara y bien definida. La cantidad de luz reflejada sobre la superficie blanca y lisa impide que se vean sombras en todo el monte: no podemos, por lo tanto, distinguir más que las líneas que se destacan en el cielo, lo cual da a la masa admirable relieve. Muchos ventisqueros bajan serpenteando desde estos campos de nieve hasta la costa; podría comparárselos a inmensos Niágaras congelados, y quizá estas cataratas de hielo azulado son tan bellas como las de agua corriente.

Por la tarde llegamos a la parte occidental del canal; pero es tan profunda el agua en este sitio, que no podemos fondear y tenemos que correr bordadas en este estrecho brazo de mar durante una negra noche de catorce horas.

10 de junio. – A la mañana nos encontramos por fin el océano Pacífico. La costa occidental de la Tierra del Fuego se halla en su mayor parte constituida por colinas de gres y de granito, bajas, redondeadas, absolutamente estériles. Sir J. Narborough ha dado a esta parte de la costa el nombre de Desolación del Sur, porque "esta tierra presenta a la vista el espectáculo de la desolación", y hay que confesar que tal nombre conviene bien a esta costa. Al lado de las islas principales se hallan innumerables peñascos, sobre los que constantemente vienen a romperse las anchas olas del océano. Pasamos entre las Furias occidentales y orientales, y un poco más al norte vemos la Vía Láctea, paso llamado así porque tiene un tal número de escollos que siempre está allí el mar blanco de espuma. Una ojeada sobre esta costa bastaría para que el que no estuviese acostumbrado al mar soñara ocho días con naufragios, peligros y muertes. Echando una última mirada sobre esta escena terrible, nos despedimos para siempre de la Tierra del Fuego.

Aquel a quien no interese el clima de las partes meridionales del continente americano con relación a sus producciones, límite de las nieves, marcha extraordinariamente lenta de los ventisqueros y zona de congelación perpetua en las islas antárticas, puede pasar la discusión siguiente sobre estos curiosos puntos o contentarse con leer la recapitulación que hago después. No daré, sin embargo, más que un extracto.

Sobre el clima y producciones de la Tierra del Fuego y de la costa sudoeste

El siguiente cuadro indica las temperaturas medias de la Tierra del Fuego, la de las islas Falkland, y como cifra de comparación, la de Dublín:

	Latitud	Temperatura del verano (en grados centígrados)	Temperatura del invierno (en grados centígrados)	Media del verano y del invierno (en grados centígrados)
Tierra del Fuego	53° 38' sur	+ 10° 0'	+ 0° 6'	+ 5° 12'
Islas Falkland	51° 30' sur	+ 10° 5'	+ 0° 6'	+ 5° 12'
Dublín	53° 21' norte	+ 15° 12'	+ 0° 8'	+ 9° 46'

Este cuadro indica que la temperatura de la parte central de la Isla del Fuego es más fría en invierno y más de 5° centígrados menos caliente en verano que la de Dublín. Según von Buch, la temperatura media del mes de julio (y no es el mes más cálido del año) en Saltenfiord, en Noruega, se eleva a

14º 3' centígrados, y este punto está ¡13° más cerca del Polo que Puerto Desolación! Por terrible que a primera vista parezca este clima, crecen allí admirablemente los árboles de hoja perenne; se ven revolotear de flor en flor los pájaros-moscas y los papagayos pulverizar a satisfacción los granos del *winter-bark*, a los 55° de latitud sur. Ya he demostrado que el mar abunda en seres vivos: las conchas, tales como patellas, las fisurellas, los oscabriones y los bernáculos son, según M. G. B. Sowerby, mucho más grandes y se desarrollan con mucho más vigor que las especies análogas del hemisferio septentrional. Una voluta muy grande abunda en la Tierra del Fuego meridional y en las islas Falkland. En Bahía Blanca, hacia los 39° de latitud sur, las especies que más abundan son: tres olivas (una muy grande), dos volutas y un caracol; y ésas son las tres especies que pueden considerarse típicas de entre las formas tropicales. Todavía es dudoso que haya una especie pequeña de oliva en las costas meridionales de Europa y no se encuentra tampoco ningún representante de los otros dos géneros.

Si algún geólogo llegase a encontrar a los 39° de latitud, en la costa del Portugal, una capa que encerrase muchas conchas pertenecientes a las tres especies de oliva, voluta y caracol, afirmaría, sin dudar, que en la época de su existencia era tropical el clima; pero si hemos de juzgar por lo visto en la América meridional, esta conclusión sería errónea.

Si dejando la Tierra del Fuego, se sube hacia el norte siguiendo la costa occidente del continente, se encuentran en ella, salvo un pequeño aumento de calor, la misma uniformidad de temperatura, la misma humedad, las mismas tempestades de viento que en la Tierra del Fuego. Los bosques que cubren la costa en una extensión de 600 millas (960 kilómetros), al norte del cabo de Hornos presentan casi un aspecto análogo. Esa analogía de clima continúa todavía 300 o 400 millas (480 a 640 kilómetros) más al norte; como lo prueba el que en Chile (que corresponde en latitud a las regiones septentrionales de España) rara vez produce fruto el duraznero, mientras que maduran perfectamente las frutillas y las manzanas. Hasta sucede que se recogen en las casas las espigas de cebada y de trigo para que sequen y maduren. En Valdivia (a 40° de latitud, lo mismo que Madrid) maduran las uvas, y los higos, pero no son comunes; las aceitunas, rara vez, y las naranjas nunca. Sabido es que estos frutos maduran perfectamente en las latitudes correspondientes de Europa; y, notable fenómeno, en el mismo continente, en las orillas del río Negro, casi bajo la misma latitud que Valdivia, se cultiva la papa (*Convolvulus*), y la vid, la higuera, el olivo, el naranjo y el melón de regadío y de secano producen abundantes frutos. Por más que el clima húmedo y uniforme de Chile y de las costas norte y sur convenga tan poco a nuestros frutos, los bosques indígenas, desde el grado 45 hasta el 38 de latitud, rivalizan, sin embargo, por su hermosa vegetación con los espléndidos de las regiones intertropicales. Magníficos árboles de corteza lisa y admirables colores, pertenecientes a numerosas especies diferentes, se hallan cargados de plantas monocotiledóneas parásitas; por doquiera se encuentran inmensos helechos elegantísimos y gramíneas arborescentes que envuelven los árboles en una masa impenetrable hasta una altura de 30 a 40 pies sobre el terreno. Las palmeras crecen a los 37º de latitud, y una gramínea parecida al bambú, a los 40º; otra especie de próximo arborescente parentesco con el bambú que adquiere gran altura, aunque no tan derecha, sube hasta los 45º de latitud sur.

Esta igualdad del clima, debida evidentemente a la gran superficie marítima, comparada con la de las tierras, parece reinar en la mayor parte del hemisferio meridional, y como consecuencia, presenta la vegetación un carácter semitropical. Los helechos arborescentes crecen muy bien en la Tierra de Van Diemen (45º de latitud), donde he medido un tronco que no tenía menos de seis pies de circunferencia. Forster ha encontrado en Nueva Zelanda un helecho arborescente a los 46º de latitud; también crecen allí las orquídeas como parásitos de los árboles. En las islas Auckland, dice el doctor Dieffenbach que tienen los helechos tan gruesos y elevados los tallos que casi podría calificárselos de arborescentes; los papagayos abundan en estas islas y llegan hasta los 55º de latitud en las de Macquarrie.

Altura del límite de las nieves y marcha de los ventisqueros en la América meridional

	Latitud	Altura en pies del límite de las nieves	Observadores
Región ecuatorial media	0°	15.748 pies (4.724 metros)	Humboldt
Bolivia	16º a 18° sur	17.000 pies (5.100 metros)	Peutland
Chile central	33º sur	14.500 a 15.000 pies (4.350 a 4.500 metros)	Gillies y el autor
Chile	41º a 43° sur	6.000 pies (1.800 metros)	Oficiales del *Beagle* y el autor
Tierra del Fuego	54º sur	3.500 a 4.000 pies (1.050 a 1.200 metros)	King

Como la altura del nivel de las nieves perpetuas parece determinarse más bien por el calor máximo del verano que por la temperatura media del año, no es de extrañar que en el estrecho de Magallanes, donde el verano es tan frío, baje el límite a 1.050 o 1.200 metros solamente sobre el nivel del mar, mientras que en Noruega hay que elevarse hasta los 67° a 70° de latitud norte, esto es, 14° más cerca del Polo para encontrar nieves perpetuas a tan pequeña altura. La diferencia de nivel, es decir, cerca de 2.700 metros en el límite de las nieves en la cordillera, detrás de Chile (allí donde los vértices más altos varían sólo entre 1.680 y 2.250 metros) y Chile central[13] (distancia de unos 9º de latitud), es verdaderamente extraña.

Un bosque impenetrable y extraordinariamente húmedo cubre las tierras desde las regiones situadas al sur de Chile hasta cerca de Concepción, a los 37º de latitud. El cielo está siempre nublado y hemos visto que el clima no conviene en manera alguna a los frutos de la Europa meridional. En una parte de Chile central, un poco al norte de Concepción la atmósfera está de ordinario clara, no llueve nunca durante los siete meses de verano y los frutos de Europa meridional se dan muy bien; hasta se cultiva la caña de azúcar. Sin duda el límite de las nieves perpetuas experimenta esa notable inflexión de 2.700 metros, sin semejante en el resto del mundo, bastante cerca de la latitud de Concepción, allí donde cesan los bosques. En efecto, en la América meridional, los árboles indican clima lluvioso, y la lluvia indica a su vez un cielo cubierto y poco calor en verano.

La extensión de los ventisqueros hasta el mar debe, creo, depender principalmente (admitiendo, por descontado, que haya cantidad suficiente de nieve en la región superior) de la poca elevación del límite de las nieves perpetuas en montañas escarpadas próximas a la costa. Siendo este límite poco elevado en la Tierra del Fuego, podía esperarse que muchos ventisqueros llegasen hasta el mar; y no me sorprendió poco ver que, bajo una latitud correspondiente a la de Cumberland, en cada valle de una cadena de montañas se encontraban ríos de hielo cuyos vértices más altos no llegarían a 900 o 1.200 metros, que bajaban hasta la costa. Casi todos los brazos de mar que penetran hasta el pie de la cadena más elevada, no sólo en la Tierra del Fuego, sino en un espacio de costa de 650 millas (1.040 kilómetros) hacia el norte terminan por "inmensos, espantosos ventisqueros" para valerse de la misma expresión de uno de los oficiales encargados de marcar las costas. Con frecuencia se desprenden grandes masas de estos acantilados de hielo, y el ruido que producen al caer se parece a las bordadas de un barco de guerra. Como ya lo he indicado en el capítulo anterior, estas caídas producen olas terribles que van a romperse contra las costas vecinas. Sabido es que los temblores de tierra dejan caer, a veces, inmensas masas de terreno desde lo alto de los acantilados; ¡cuál no será, pues, el terrible efecto de un violento terremoto (y se ha producido en estos parajes) sobre una masa como la de un ventisquero ya movida y atravesada por numerosas fisuras! Me inclino a creer que sería lanzada al agua hasta lo más profundo del estrecho para volver un instante después con tan espantosa fuerza que arrastrase como otros tantos haces de paja los mayores bloques de piedra. En el estrecho de Eyre, bajo una latitud correspondiente a la de París, hay inmensos ventisqueros, y, sin embargo, la montaña próxima más alta no llega a tener 6.200 pies (1.860 metros). Se han visto en este estrecho unas 50 montañas de hielo, dirigiéndose al mismo tiempo hacia el mar, y una de ellas debía tener por lo menos 168 pies

(50,50 metros) de altura total. Alguna de estas montañas de hielo arrastran bloques muy grandes de granito y de otras rocas diferentes, de arcilla esquistosa, de que se componen las montañas circundantes.

El ventisquero más distante del Polo que he tenido ocasión de observar durante los viajes del *Adventure* y del *Beagle* se hallaba a los 46º 50' de latitud, en el golfo de Penas. Este ventisquero tiene 15 millas (11 kilómetros) de ancho y llega hasta la orilla del mar. ¡Pero algunas millas más al norte de éste, en la laguna de San Rafael, han encontrado los misioneros españoles "muchas montañas de hielo, unas grandes, otras pequeñas y otras medianas", en un estrecho brazo de mar, el 22 del mes que corresponde a nuestro junio y bajo una latitud análoga a la del lago de Ginebra!

En Europa, el ventisquero más meridional que avanza hasta el mar se encuentra, según von Buch, en la costa de Noruega a los 67º de latitud. Este punto está situado más de 20º de latitud, o sea 1.230 millas (1.980 kilómetros) más cerca del Polo que la laguna de San Rafael. Todavía puede presentarse bajo un punto de vista más chocante la posición de los ventisqueros en este lugar y en el golfo de Penas: en efecto, avanzan hasta la orilla del mar a 7º 5' de latitud o 450 millas (724 kilómetros) de un puerto donde las conchas más comunes son tres especies de olivas, una voluta y un caracol, a menos de 9º de una región en que crecen las palmeras, a 4º 5' de otro en el cual recorren las llanuras el jaguar y el puma, a menos de 3º 5' de las gramíneas arborescentes y (si nos inclinamos un poco al oeste en el mismo hemisferio) a menos de 29º de las orquídeas parásitas y ¡a menos de 1º de los helechos arborescentes!

Estos hechos presentan un gran interés geológico respecto del clima del hemisferio septentrional en la época del transporte de los bloques erráticos. No he de indicar aquí con detalles la sencillez con que la teoría de las montañas de hielo cargadas con fragmentos de rocas explica el origen y la posición de los bloques erráticos gigantescos en la Tierra del Fuego oriental y en las altiplanicies de Santa Cruz y de la isla de Chiloé. En la Tierra del Fuego el mayor número de bloques erráticos descansa en las líneas de antiguos estrechos convertidos hoy en valles por efecto de la elevación del suelo. Estos bloques se hallan ahora asociados a una gran capa no estratificada de lodo y arena que contiene fragmentos redondeados y angulares de todos tamaños; capa debida al relleno producido en el fondo del mar por el arrastre de las montañas de hielo y materiales que transportaban. Muy pocos geólogos dudan hoy de que los bloques erráticos que se encuentran cerca de las altas montañas han sido llevados por los mismos ventisqueros y de que los que se encuentran a gran distancia de ellas, sumergidos en las capas subacuosas, han sido acarreados a esos lugares por montañas de hielo o retenidos por los hielos de la costa. La relación entre el transporte de los bloques erráticos y la presencia del hielo bajo cualquier forma, se prueba admirablemente por la distribución geográfica de estos bloques sobre la tierra. En la América meridional no se encuentran bloques erráticos más allá de los 48° de latitud, tratando del Polo austral; en la América septentrional parece que el límite del transporte se extiende a los 53° 5' del Polo boreal; pero en Europa no va más allá de los 40° de latitud, respecto del mismo punto. Por otra parte, tampoco se han observado nunca en las regiones intertropicales de América, de Asia, ni de África, ni en el cabo de Buena Esperanza, ni en Australia.

Clima y producciones de las islas antárticas

Considerando el vigor de la vegetación en la Tierra del Fuego y en la costa que se extiende al norte de esta región, sorprende mucho ver la condición de las islas que se hallan al sur y al sudoeste de América. La tierra de Sandwich que se halla en una latitud correspondiente al norte de Escocia, fue descubierta por Cook durante el mes más caluroso del año, y sin embargo "estaba cubierta por una gruesa capa de nieves perpetuas"; parece que no hay en ella ninguna o muy escasa vegetación. Georgia, isla que tiene 96 millas (152 kilómetros) de longitud por 10 millas (16 kilómetros) de ancho y bajo una latitud correspondiente a la del Yorkshire, "está, en el centro mismo del verano, casi por completo cubierta de nieve helada". Esta isla no produce más que un poco de musgo, algunos macizos de hierbas y pimpinella silvestre; no tiene más que un pájaro terrestre (*Anthus carrendera*), y la Islandia que está 10° más cerca del Polo tiene, sin embargo, según Mackensie, quince pájaros terrestres. Las islas Shetland del Sur que se encuentran bajo la latitud correspondiente a la parte meridional de Noruega no producen más que algunos líquenes, musgo y un poco de hierba; y la bahía en que el teniente Kendall había echado el ancla, comenzó a llenarse de hielos en un período correspondiente al 8 de nuestro mes de septiembre. El suelo es todo hielo, con algunas capas intercaladas de cenizas volcánicas. A poca profundidad bajo la superficie debe permanecer el hielo constantemente congelado, porque el teniente Kendall ha encontrado el cuerpo de un marinero extranjero enterrado de hace mucho tiempo, y tanto la carne como las facciones se hallaban en perfecto estado de conservación. Cosa extraña, en los dos continentes del hemisferio septentrional (no hablo de Europa, cuyas tierras están tan carcomidas como el mar), la zona del subsuelo perpetuamente helado se encuentra en una latitud bastante baja, esto es, a los 56° en la América septentrional a la profundidad de 3 pies, y a los 62° en Siberia a los 12 o 15 pies, lo que resulta de unas circunstancias diametralmente opuestas a las del hemisferio meridional. En los continentes septentrionales, la radiación de una gran superficie de tierra en una atmósfera muy clara hace muy frío el invierno, sin que lo templen las corrientes de agua caliente del mar; el verano, muy corto, es en verdad muy caliente por regla general. En el océano meridional, no es el invierno tan frío; pero el verano es mucho menos caluroso, porque el cielo entoldado impide la mayor parte del tiempo que los rayos del sol calienten el mar, que tampoco absorbe con facilidad el calor; por esto la temperatura media del año es muy baja, y ella es la que influye sobre la zona de congelación perpetua del suelo. Es evidente que una vegetación vigorosa, que necesita menos del calor que de defensa contra los fríos intensos, debe aproximarse más a esta zona de congelación perpetua bajo el clima uniforme del hemisferio meridional, que bajo el extremoso de los continentes septentrionales.

El cadáver del marino perfectamente conservado en el suelo helado de las islas Shetland (latitud 62° a 63° sur) en una latitud un poco más baja que la 64° norte a que se halla el *Rhinoceros* congelado en Siberia, es ejemplo muy interesante. Por más que, como he tratado de probarlo en un capítulo precedente, sea un error suponer que los cuadrúpedos más corpulentos necesitan de una vegetación vigorosa para asegurar su existencia, es importante encontrar en las islas Shetland un subsuelo helado a 360 millas (560 kilómetros) de las islas del cabo de Hornos, que están cubiertas de bloques, y en las cuales, si no se considera otra cosa que la cantidad de vegetación, podrían vivir innumerables cuadrúpedos. La perfecta conservación de los cadáveres de los elefantes y rinocerontes de Siberia es con seguridad uno de los fenómenos más extraños de la geología; pero fuera de la pretendida dificultad de encontrar alimentos en cantidad suficiente, en los países inmediatos, no creo que el hecho sea tan extraordinario como se considera por lo general. Las llanuras de Siberia, como las de las Pampas, parecen formadas bajo un mar al cual han llevado los ríos los cadáveres de muchos animales; sólo el esqueleto de muchos de estos animales es lo que se ha conservado; pero algunas veces ha sido todo el animal. Ahora bien, se sabe que en las partes poco profundas de la costa ártica de América se hiela el fondo, y no se deshiela en la primavera con tanta rapidez como en la superficie de la tierra; además, a mayores profundidades, en que el mar no se hiela, puede permanecer el lodo a pocos pies bajo la capa superior, todo el verano por debajo de la temperatura del hielo fundente, como sucede, por lo demás, en el suelo a profundidad de algunos pies. En bajos niveles de más cuantía no sería bastante baja la temperatura del agua ni la del lodo para conservar las carnes. En su consecuencia, sólo el esqueleto de los cadáveres se conserva cuando el cuerpo del animal ha sido arrastrado más allá de las partes poco profundas. Además, en el extremo norte de Siberia son los huesos muy numerosos, y tanto, que forman islotes enteros, y estos lugares se hallan más cerca del Polo que el estrecho en que Pallas ha encontrado los rinocerontes congelados. Por otra parte, un cadáver arrastrado por las aguas a un punto poco profundo del océano Ártico se conservaría indefinidamente, admitiendo, sin embargo, que hubiese sido cubierto pronto por una capa de lodo bastante gruesa, para que el calor de las aguas en verano no penetrase hasta él, y advirtiendo también que la capa protectriz fuese suficientemente espesa para que, al transformarse el fondo del mar en tierra, no penetrase hasta él el calor del aire y le corrompiese.

Recapitulación

Quiero recapitular en pocas palabras los principales hechos relativos al clima, a la acción de los hielos y a las producciones orgánicas del hemisferio meridional; y para hacer comprender mejor sus singularidades, supondré que estamos en Europa, comarca cuya geografía es más conocida, y tomaré nombres europeos, respetando con la mayor escrupulosidad las posiciones en latitud y longitud. Así pues, cerca de Lisboa, las conchas marinas más comunes, esto es, tres olivas, una voluta y un caracol, tendrán carácter tropical. En las provincias meridionales de Francia desaparecerá el suelo bajo magníficos bosques plagados de gramíneas arborescentes y de árboles cargados de plantas parásitas. El puma y el jaguar recorrerán los Pirineos. Bajo la latitud del Mont-Blanc, pero en una isla situada tan al oeste como lo está el centro de la América septentrional, crecerán en medio de los más espesos matorrales los helechos arborescentes y las orquídeas parásitas. A igual distancia, hacia el norte, como lo está Dinamarca central, revolotearán los pájaros-moscas entre delicadas flores y vivirán los papagayos en bosques siempre verdes; encontrándose en los mares inmediatos una voluta y adquiriendo todas las conchas un grosor extraordinario. Sin embargo, en algunas islas situadas a 350 millas (560 kilómetros) no más de nuestro cabo de Hornos, situado en Dinamarca, se conservaba helado indefinidamente un cadáver sumergido en el suelo o arrastrado a una parte poco profunda del mar y cubierto de lodo. Si un valeroso navegante tratase de penetrar al norte de estas islas, correría mil peligros entre gigantescas montañas de hielo, y vería en algunas de éstas enormes bloques de rocas arrastradas lejos de su punto de origen.

Otra gran isla bajo la latitud de la Escocia meridional, pero doblemente retirada al oeste, estaría "casi enteramente cubierta de nieves perpetuas"; cada una de las bahías que penetrase en esta isla, estaría terminada en ventisqueros desde donde se desprenderían todos los años grandes masas, y no produciría su suelo más que musgos, hierbas y pimpinelas; por todo habitante terrestre no tendría más que una pajarilla. De nuestro nuevo cabo de Hornos, en Dinamarca, partiría, extendiéndose directa hacia el oeste, una cadena de montañas de menos de la mitad de la altura de los Alpes, y al lado occidental de esta cadena terminarían todos los golfos y ancones por inmensos ventisqueros. Estos estrechos solitarios resonarían siempre con el estruendo de la caída de los hielos, y olas tremendas harían estragos increíbles a lo largo de las costas; numerosas montañas de hielo, tan grandes, a veces, como catedrales, y cargadas, en no pocas ocasiones, con enormes bloques de rocas, vendrían a chocar contra los islotes inmediatos; en ciertas épocas, violentos terremotos proyectarían en las aguas monstruosas masas de hielo. Por último, tratando de penetrar unos misioneros en cierto brazo de mar, verían descender ríos de hielos desde las montañas poco elevadas hasta el mar, con témpanos flotantes, unos grandes y otros pequeños, que detendrían a cada paso sus embarcaciones; ¡y esto sucedería el 22 de junio, exactamente en el punto en que se encuentra el lago de Ginebra!

NOTAS ORIGINALES DEL DIARIO DE VIAJE

(1) Las moscas que acompañan a un barco por espacio de varios días, dejan de verse tan pronto como se pasa de un puerto a otro.

(2) En este país he encontrado una especie de cactus descrita por el Profesor Henslow, bajo el nombre de *Opuntia darwinii* (*Magazine of Zoology and Botany*, tomo 1, pág. 466). La irritabilidad de sus estambres cuando se introduce un dedo o el extremo de un palo en la flor, hace muy notable este cactus. Las hojuelas del perianto se cierran también sobre el pistilo, pero con más lentitud que los estambres. Algunas plantas de esta familia, que se considera por la generalidad como tropical, se encuentran también en la América del Norte (LEWIS Y CLARKE, *Travels*, pág. 221) bajo la misma latitud que en el sur, es decir, a los 47º.

(3) Estos insectos se encuentran con frecuencia bajo las piedras. Un día he encontrado un escorpión caníbal ocupado tranquilamente en devorar a uno de sus hermanos.

(4) Recientemente he sabido que el capitán Sullivan, de la Marina real, ha encontrado numerosos huesos fósiles en las orillas del río Gallegos, a los 54º 4' de latitud, unos grandes y otros pequeños, y que parecían haber pertenecido a un armadillo. Descubrimiento es éste de mucho interés e importancia.

(5) He observado que algunas horas antes de la muerte de un cóndor, todos los piojos de que está cubierto huyen hacia las plumas exteriores. Se asegura que siempre ocurre lo mismo.

(6) Según observaciones publicadas después de nuestro viaje y más todavía en las interesantes cartas del capitán Sullivan, que ha hecho la triangulación de estas islas, parece que yo he exagerado un poco su mal clima. Sin embargo, cuando pienso que están casi por completo cubiertas de turba y que el trigo apenas madura allí nunca, paréceme difícil creer que el clima, en verano, sea tan seco y tan hermoso como se asegura ahora.

(7) Tengo motivos para suponer que hay también un ratón. El europeo común y la rata están muy alejados de las habitaciones de los colonos. El cerdo común vive también en estado de libertad en uno de los islotes: todos son negros. Los jabalíes son muy fieros y tienen enormes colmillos.

(8) El Culpen es el *Canis magallanicus* que el capitán King ha llevado del estrecho de Magallanes. Este animal es muy común en Chile.

(9) La sustancia empleada para esta pintura blanca es, cuando está seca, bastante compacta y de poco peso específico. El profesor Ehrenberg la ha examinado, y dice (Kon.

Acad. der Wisench, Berlín, febrero 1845) que está compuesta de infusorios, o sea, catorce *polygastrica* y cuatro *phytotitharia*; añadiendo que todos estos infusorios habitan en agua dulce. He aquí un magnífico ejemplo de los resultados que pueden obtenerse por medio de las investigaciones microscópicas del profesor Ehrenberg; porque Jemmy Button me ha asegurado que se recogen siempre estos polvos blancos en el lecho de los torrentes de las montañas. También es éste un hecho demostrativo respecto de la distribución de los infusorios, puesto que todas las especies que componen esta sustancia recogida en la punta más meridional de la Tierra del Fuego, pertenecen a formas antiguas y conocidas.

(10) Mediante ejemplares y notas mías ha sido descrita por el reverendo J. M. Berkeley, en las *Linnean Transactions*, vol. XIX, pág. 37, bajo el nombre de *Cyttaria darwinii*: la especie chilena ha sido llamada *C. berteroii*. Este género está unido al género *Bulgaria*.

(11) Creo que debe exceptuarse una *Altica alpestre* y un ejemplar único de *Melatenia*. Me dice Mr. Waterhouse que hay ocho o nueve especies de *Harpalida* (cuyas formas son especiales), cuatro o cinco especies de *Heteromera*, seis o siete de *Rhinchophora*, y una especie de cada familia de *staphytinidos, eloteridos, cebrionidos* y *melolontidos*. En los otros órdenes, son menos aún las especies, y en todos ellos más notable la escasez de individuos que la de las especies. Mr. Waterhouse ha descrito con esmero en los *Annals of Natural History* la mayor parte de los coleópteros.

(12) La habitación geográfica de esta planta es muy extensa. Se la encuentra desde los islotes más meridionales cerca del cabo de Hornos, hasta los 43° de latitud norte, en la costa oriental, según me dice Mr. Stokes; dice a su vez el doctor Hosker, que en la costa occidental se extiende hasta el río San Francisco, en California, y quizá llega hasta Kamchatka. Esto implica un desarrollo inmenso en latitud, y como Cook, que debía conocer muy bien esta especie, la ha encontrado en la Tierra de Kerguelen, se extiende en 140° de longitud.

(13) En la cordillera de Chile central creo que el límite de las nieves varía mucho en su altura en los distintos veranos. Se me ha asegurado que durante uno muy largo y muy seco desapareció toda la nieve del Aconcagua, por más que esta montaña alcanza la prodigiosa altura de 6.900 metros. Es probable que a estas grandes alturas se evapore la nieve en lugar de fundirse.

CORRESPONDENCIA DE DARWIN AL DOCTOR FRANCISCO JAVIER MUÑIZ

Señor Dr. D. Francisco Xavier Muñiz*

Respetable señor:

La carta del 30 de agosto, con los papeles que tuvo usted la bondad de mandarme, llegó a mis manos hace muy poco tiempo, debido a la enfermedad y ausencia de Londres de Mr. Morris, por quien fueron dirigidos.

He oído recientemente a Mr. Morris que usted deseaba deshacerse de sus restos fósiles por medio de algún arreglo pecuniario, lo cual no he podido comprender bien en la carta que usted me escribió.

He dado a Mr. Morris mi opinión sobre este punto así es que no la repetiré aquí.

(*) **Francisco Xavier Thomás de la Concepción Muñiz** nació en San Isidro (provincia de Buenos Aires) el 21 de diciembre de 1795. A los 12 años, en 1807, participó activamente en la defensa de Buenos Aires contra los ingleses. Así relata su actuación Domingo Faustino Sarmiento (1811-1888): "... bajó con otros de las azoteas, y abriendo la puerta de la casa en que estaban, salieron imprudentemente a la calle a disparar sus armas, a menos de media cuadra del enemigo. Una bala de fusil le hirió, entonces, en la corva derecha... ". Estudió filosofía, latín, física, matemática y medicina. En 1821 ejerció como médico reconocido por el gobierno en la guarnición de Patagones. En 1825, por disposición del general Soler, marchó como cirujano al cantón de Chascomús. En ese lugar reveló su faceta de paleontólogo, dando a conocer los restos fósiles de un armadillo, hallado en las proximidades de la laguna de Chascomús. Así inició sus estudios sobre mamíferos fósiles pampeanos, estudios que llamaron la atención de Charles Darwin, de Carlos Germán Conrado Burmeister (1807-1892) y de Florentino Ameghino (1854-1911). En 1826 el presidente Bernardino Rivadavia (1780-1845) le dio el cargo de médico y cirujano principal, y se puso con el doctor Ribero a la cabeza del cuerpo médico en la batalla de Ituzaingó. Después de la guerra con el Brasil fue designado profesor de partos, enfermedades de niños y medicina legal en la Escuela de Medicina de Buenos Aires. El gobernador Manuel Dorrego (1787-1828) lo designó en 1828 como médico en el departamento de Luján, cargo que le permitió continuar el desarrollo de sus estudios sobre paleontología, higiene y climatología de la provincia de Buenos Aires. En 1830 el gobierno de Juan Manuel de Rosas (1793-1877)

Pero diré solamente que el único plan practicable creo que sería el que usted mandase sus fósiles aquí a alguna gente para que disponga de ellos.

Su espécimen sobre Muñiz-felis *debe ser horrible. Sospecho que será un* Machaerodus, *del cual hay algunos fragmentos en el Museo Británico, procediendo de las Pampas.*

Procuraré hacer traducir su escrito y publicarlo en algún periódico científico.

La relación de usted sobre el terremoto en las Pampas me sorprendió; nunca había oído de ninguno, en parte alguna al este de la cordillera, a no ser en Córdoba.

Si usted quiere informarme si lee el inglés, seré feliz en mandarle una copia de mis observaciones geológicas en Sur América, recientemente publicadas, indicándome un conducto para hacerlo. Creo que no valdría la pena mandárselo sin saber si usted lee el inglés.

Presentaré su trabajo sobre la fiebre escarlatina al Real Cuerpo Médico de Cirujanos.

No puedo adecuadamente expresar cuánto admiro el continuado celo de usted, colocado, como lo está, sin los medios de proseguir sus estudios científicos y sin que nadie simpatice con usted en los progresos de la historia natural.

Confío que el gusto de seguir sus tareas le proporcione algún premio para tantos esfuerzos.

---

lo nombró cirujano del regimiento 2 de milicias de caballería y, tras la caída del régimen rosista, fue designado para presidir la Escuela de Medicina, a cargo de la cual permaneció durante tres períodos. En 1841 los restos fósiles descubiertos hasta entonces por Muñiz fueron embalados en 11 cajones y enviados a Rosas, quien desconociendo absolutamente su valor científico, donó una parte al almirante francés Dupotet, a través del cual las piezas fueron llevadas al Museo de París y estudiadas por Paul Gervais. La otra parte de la colección fue a Londres por mediación de Woodbine Parish. No obstante, Muñiz, el primer paleontólogo argentino, continuó sus descubrimientos, y en 1857 tuvo la satisfacción de depositar su nueva colección en el Museo Público de Buenos Aires. En 1854 participó como miembro fundador de la Asociación Amigos de la Historia Natural, una entidad creada con el fin de mejorar la lamentable situación de abandono por la que atravesaba el Museo Público de Buenos Aires. Ya jubilado, y con 64 años de edad, se ofreció como voluntario al gobierno de Buenos Aires, organizó la sanidad militar y actuó en Cepeda, donde estuvo a punto de perder la vida a raíz de un terrible lanzazo. Ofreció además sus servicios en la Guerra del Paraguay y permaneció en Corrientes hasta 1868 al frente de los hospitales establecidos en esa región. Retirado de la actividad pública y residente en Morón, se trasladó voluntariamente a Buenos Aires para ayudar a combatir la fiebre amarilla. Tras contagiarse del terrible mal, falleció el 8 de abril de 1871. Muñiz escribió sobre temas de la más variada índole: idioma, higiene pública, degeneración del ganado vacuno, el ñandú y, entre otros trabajos de interés, redactó la primera memoria sobre clínica obstétrica. Sarmiento reunió sus escritos en un volumen titulado *Vida y escritos del coronel doctor Francisco Javier Muñiz*. En el mismo, Florentino Ameghino dice en referencia a Muñiz: "Vivió en su patria precediendo su época en medio siglo".

Hace algún tiempo que usted tuvo la fineza de mandarme por Mr. Lund algunos informes muy curiosos, y para mí de mucho valor sobre la vaca ñata.

Agradeceré cualquiera otra información sobre cualquiera de los animales domésticos del Plata, como el origen de algunas razas de aves, chanchos, perros, ganados, etc., etc.

También estoy muy interesado en tener una breve distinción sobre las costumbres o formas o hechuras de los chanchos, perros, etc., etc., en su estado silvestre, y particularmente sobre las crías silvestres, cuando se toman los animales jóvenes para criarlos.

¿Será tan manso un cachorro de perro cimarrón si es criado con cuidado, como cualquier otro perro doméstico?

Algunas informaciones sobre todos estos puntos me serían muy útiles; y siempre que usted tenga tiempo de escribirme, se servirá usted dirigir sus cartas a donde el encabezamiento de ésta.

Sinceramente deseo a usted prosperidad en sus admirables labores, y si en algún tiempo puedo servir a usted de algo, me será grato hacerlo.

Con el mayor respeto quedo de usted S. S.

Charles Darwin

P. S: Había omitido mencionar que el profesor Owen ha oído decir que una colección de huesos ha llegado a París, hace algún tiempo, de Buenos Aires.

Tomada de: SARMIENTO, D. F., 1885. *Vida y escritos del coronel doctor Francisco Javier Muñiz*. Félix Lajouane. Buenos Aires, Argentina.

LOS MAMÍFEROS FÓSILES A LOS QUE HACE MENCIÓN DARWIN

Hasta hace 10.000 años mamíferos de gran rareza y tamaño, como gliptodontes, megaterios, toxodontes, macrauquenias, osos y tigres dientes de sable, vivían en la Patagonia. Ésos fueron los amos y señores de nuestras tierras durante el Pleistoceno, una de las épocas geológicas en que se divide el Cuaternario, que a su vez es uno de los período de la era Cenozoica. Desde luego, esos mamíferos convivieron con la fauna silvestre actual pero se extinguieron entre fines del Pleistoceno y comienzos del Holoceno (es decir hace unos 10.000 a 8.500 años).

Los **gliptodontes** fueron mamíferos de talla mediana a grande. Algunos posiblemente hayan superado las 2 toneladas de peso pero otros no deben haber sobrepasado los 50 kilos. Sus cuerpos estaban protegidos por rígidos caparazones, sin bandas móviles, formados por placas óseas de origen dérmico, que podían estar o no soldadas entre sí. Sus caparazones se encontraban cubiertos de placas córneas. Sus cabezas y colas estaban separadamente cubiertas por escudos; el caudal por lo general estaba constituido por anillos y un tubo terminal. Sus esqueletos, fuertemente modificados para soportar los rígidos y pesados caparazones, presentaban osificaciones de las vértebras cervicales y soldadura de las dorsales, lumbares y sacras, que formaban un tubo anquilosado. Adquirieron una dentición especializada para la dieta herbívora. Los primeros aparecieron en el Eoceno tardío y los últimos se extinguieron entre el Pleistoceno tardío y el Holoceno temprano. Llegaron a invadir América Central y del Norte. *Doedicurus* era uno de esos gliptodontes. Tenía una larga cola terminada en un tubo, que se engrosaba en el extremo a modo de "clava", en donde llevaba espinas córneas. El tubo caudal estaba precedido por seis anillos de dos hileras de placas cada uno. *Doedicurus clavicaudatus* llegaba a medir unos 3,6 metros de largo y pesaba unos 1.400 kilos. Su caparazón era más o menos hemisférico, alto, con un diámetro mayor a los 2 metros y de

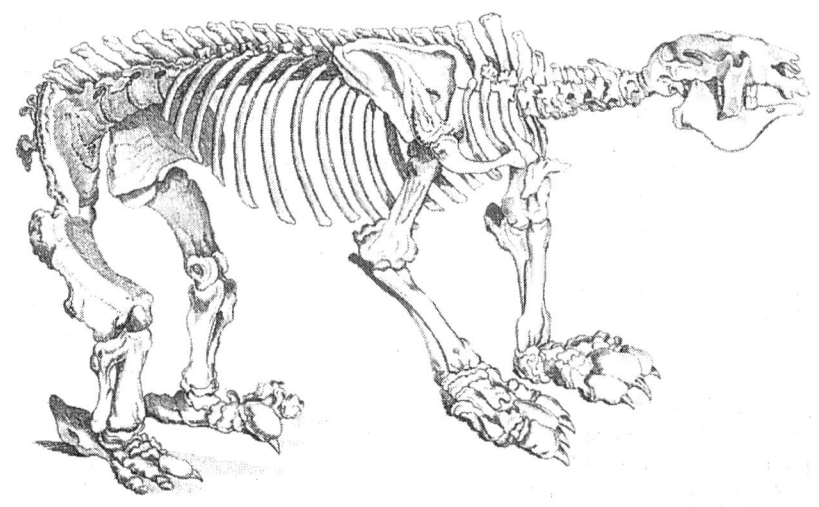

Esqueleto de megaterio según Cuvier.

placas gruesas de contorno rectangular a hexagonal irregular, unidas por suturas. Los primeros restos conocidos de este mamífero fueron descubiertos por Charles Darwin y estudiados por el paleontólogo inglés Richard Owen.

El **megaterio** (nombre que significa "bestia grande") fue un mamífero herbívoro de gran talla, el más grande de todos los perezosos conocidos. Su cabeza era relativamente pequeña en relación a su tamaño corporal, y tenía un cuello corto. Su cuerpo era muy voluminoso pero, a pesar de sus dimensiones, era capaz de ponerse de pie sobre sus patas traseras, según lo atestigua el hallazgo de una serie de pisadas. Sus miembros posteriores eran mucho más fuertes que los anteriores, pero no más largos, y tanto los miembros posteriores como los anteriores terminaban en fuertes garras. Su cola era bien robusta, con desarrolladas inserciones musculares. La especie *Megatherium americanum* es la mejor conocida del género, tenía unos 5 metros de longitud y un peso aproximado a las 4 toneladas. En el territorio argentino, su registro está restringido al Pleistoceno tardío.

El **glosoterio** era un perezosos gigante de unos 3,5 metros de largo y más de una tonelada de peso. En su piel tenía embebida una gran cantidad de huesillos de tamaño y forma variables (osteodermos). Tanto el ex-

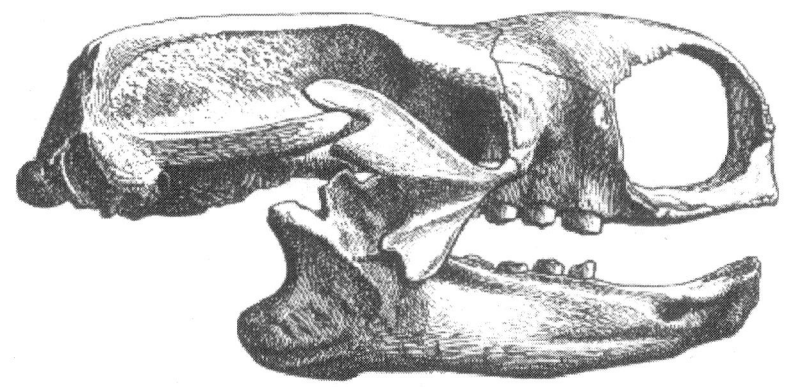

CRÁNEO DE MILODONTE SEGÚN REINHARDT.

tremo anterior de la mandíbula como sus premaxilares estaban ensanchados. Tenía cuatro molares a cada lado de su mandíbula y cinco a cada lado del paladar. Sus molares prismáticos eran similares entre sí, sólo los últimos diferían de los demás debido a su aspecto lobulado. Los primeros restos fósiles conocidos de este mamífero fueron descubiertos por Darwin y estudiados por Richard Owen.

El **milodonte** era un perezoso gigante de unos 3 metros de largo, una altura mayor a 1,5 metros y un peso superior a una tonelada. Su cráneo presentaba los premaxilares convexos y proyectados hacia delante, los cuales se unían por sus extremos con los nasales a través de un arco óseo dispuesto en forma vertical. Tanto en el maxilar superior como en el inferior tenía ocho molariformes. También, al igual que el glosoterio, poseía osteodermos (numerosos huesillos que se encontraban embebidos en su grueso cuero). En el interior de una cueva de la provincia de Magallanes, en Chile, se hallaron cueros, desechos fecales, pelo y huesos con tejido muscular adherido, que fueron atribuidos a la especie *Mylodon listai*. La preservación de dichos restos fue posible gracias al caso poco frecuente de la momificación. Mediante la datación con el método de radiocarbono, se pudo conocer que la antigüedad de los restos era de unos 11.000 años. Los primeros fósiles conocidos de este mamífero fueron descubiertos por Darwin en las inmediaciones de Bahía Blanca y estudiados por Owen.

El **celidoterio** era un perezoso gigante de unos 3,5 metros de longitud y de unos 500 kilos de peso. Tenía un cráneo alargado, bajo y estrecho, con

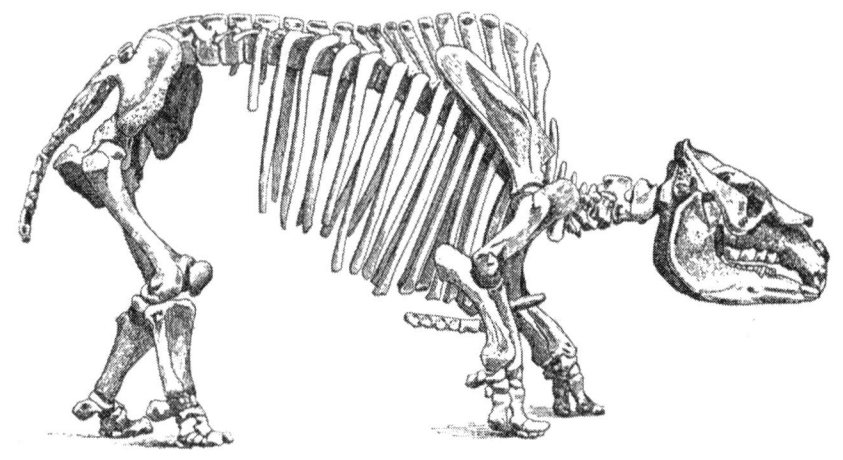

ESQUELETO DE TOXODONTE SEGÚN OWEN.

un rostro proyectado hacia delante. Poseía cinco dientes a cada lado del paladar y cuatro a cada lado de la mandíbula. Sus manos pentadáctilas eran grandes y sus dígitos II y III poseían fuertes garras. En sus pies, sólo los III, IV y V eran funcionales. Los primeros restos fósiles conocidos de este mamífero fueron descubiertos también por Darwin en las proximidades de Bahía Blanca y estudiados por Richard Owen.

El **toxodonte**, un herbívoro de talla similar a la de un rinoceronte actual, fue el último representante del orden *Notoungulata*. Su peso posiblemente superó la tonelada. Su cráneo era de gran tamaño (aproximadamente de unos 70 centímetros de largo). Los incisivos presentaron adaptaciones a un intenso pastoreo, mientras que los superiores eran arqueados, y los inferiores, chatos de disposición horizontal y expandidos lateralmente. La sección anterior de la mandíbula presentaba el aspecto de "pala". Los primeros restos fósiles conocidos de este mamífero fueron descubiertos por Darwin y estudiados por Owen.

La **macrauquenia** (nombre que significa "llama grande") fue el último representante del orden *Litopterna*. Tenía un tamaño comparable al del camello actual y su peso era cercano a una tonelada. A juzgar por la posición muy retrasada de los orificios nasales, poseía una probóscide similar a la de los tapires. Sus pies tenían tres dígitos que terminaban en cascos, lo que indicaría una escasa adaptación a la carrera. Presentaba molares

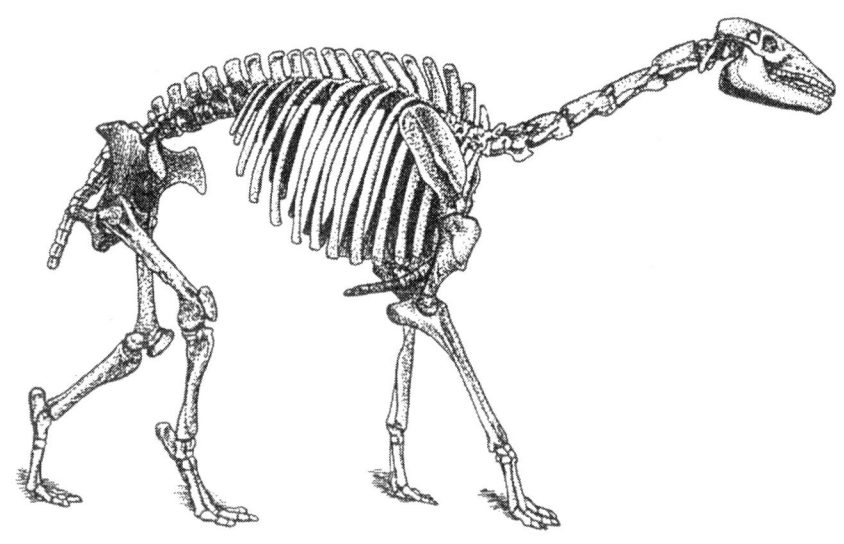

Esqueleto de macrauquenia según Owen.

superiores con sección cuadrangular, con profundas fosas y de corona alta, y molares inferiores similares a los superiores, pero algo más largos. Los primeros restos fósiles conocidos de este mamífero fueron descubiertos por Darwin y estudiados por Owen.

Los **mastodontes** tenían un aspecto similar a los actuales elefantes y pesaban aproximadamente 4 toneladas. Sus defensas eran casi rectas, de crecimiento continuo y, al menos en el estado adulto, no presentaban esmalte. Sus molariformes tenían las cúspides cónicas a ambos lados provistas de otras accesorias, permitiendo que, a causa del desgaste, se formaran dos hileras, una externa y otra interna, de figuras trifoliadas. Arribaron a nuestras pampas durante el "gran intercambio faunístico americano", que tuvo lugar hace unos 2,5 millones a 3 millones de años, cuando el istmo de Panamá comunicó América del Sur con América del Norte, culminando así un largo período de aislamiento.

Los **caballos fósiles** del género *Hippidion* eran algo más robustos que los caballos domésticos, con extremidades más cortas y anchas. Sus cráneos tenían huesos nasales libres y convexos de gran extensión. Pesaban unos 400 kilos. Llegaron a América del Sur también con el "gran intercambio faunístico americano", al igual que los mastodontes y otras muchas especies, y se extinguieron algunos milenios antes de que los europeos

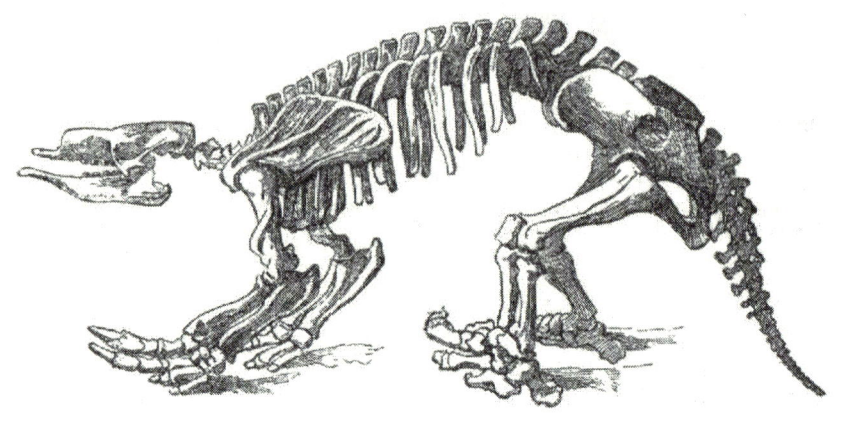

Esqueleto de celidoterio según Lyddeker.

introdujeran la especie doméstica. El primer resto fósil de *Hippidion* hallado fue un molar superior que descubrió Darwin en las proximidades de Bahía Blanca. En 1840, Richard Owen lo asignó a la especie *Equus caballus* y años más tarde a la especie *Equus curvidens*.

La extinción de estos mamíferos, que tuvo lugar entre fines del Pleistoceno y comienzos del Holoceno, se ha vinculado principalmente con las actividades del ser humano y el deterioro climático. Aunque, efectivamente, varios de los representantes de la megafauna (como el megaterio o el milodonte) fueron utilizados por grupos humanos, al parecer no hay evidencias fuertes para sugerir que dicha explotación haya impactado lo suficiente como para causar la extinción de esas especies. Más bien parece que fueron recursos complementarios frente a otros como el guanaco, que pese al intenso aprovechamiento que los humanos han hecho durante milenios, aún sobrevive. Aunque quizás el hombre no haya sido el factor desencadenante de la extinción, no se descarta desde luego que haya contribuido en alguna medida. En cuanto al clima, la primera parte del Cuaternario se ha caracterizado por ser la época de las glaciaciones, es decir del avance sobre los continentes de grandes masas de hielo debido al descenso global de las temperaturas. Hace unos 10.000 años finalizó la última glaciación y las condiciones climáticas cambiaron.

COMO DARWIN LO HABÍA ANUNCIADO...

"Dentro de algunos años, cuando estas islas estén habitadas, sin duda a ese zorro se lo podría clasificar, como al dodo, entre los animales desaparecidos de la superficie de la Tierra."

Charles Darwin

El zorro *Dusicyon australis*, que habitaba pastizales, turbales y costas del archipiélago malvinense, ha desaparecido para siempre. Según las crónicas de viajeros, algunos grabados y unos pocos ejemplares de museo, era semejante al zorro colorado, *Dusicyon culpaeus*. Poseía rasgos particulares, como el tupido pelaje pardo-amarillento; el cuello y las patas amarillentas; el vientre, la garganta y los labios blancuzcos; una cola parda en el comienzo, que se tornaba luego negruzca y finalmente terminaba en una mancha blanca; las orejas intensamente grises y externamente bayas; y una longitud aproximada de 1,20 m (de ese largo, 90 cm correspondían a su cabeza y tronco, y 30 cm, a su cola). Su principal alimentación consistía en conejos, ovejas y avutardas. En época invernal, su dieta se complementaba con peces, pingüinos y pinnípedos, según lo indican los restos encontrados en sus madrigueras, pero la duda radica en si los cazaba o eran carroña de playa. Sus comportamientos son escasamente conocidos. Se lo ha descrito como nocturno, diurno, solitario, feroz, curioso y confiado. En cuanto a los nombres vernáculos que recibió, encontramos los de "zorro lobo malvinero" (lobo, porque su tamaño duplicaba el de los zorros de Inglaterra), "zorro de las islas", "zorro isleño", "zorro de las Malvinas", "zorro antártico" y "Uarrah" o "Warrah" (posiblemente venga de *aguará*, que en guaraní quiere decir "zorro", y haya sido incorporado por criollos que visitaron las islas, o posiblemente sea una alusión onomatopéyica a su ladrido).

La poca información que se puede recopilar sobre esta especie ya extinta procede de las observaciones realizadas por viajeros naturalistas como Gray, Strong, Burney, Low, Cook, Fitz-Roy, Pernetty, Bougainville y Byron. También el propio Darwin hizo referencia a este mamífero en su diario de viajes:

> *"El único cuadrúpedo indígena de la isla es un zorro grande parecido al lobo (*Canis antarcticus*); es muy común, tanto en la parte oriental como en la occidental de las islas Falkland.*
>
> *Creo que ésta es, sin duda, una especie particular exclusiva de este archipiélago, porque muchos pescadores de focas, muchos gauchos y no pocos indios que han visitado estas islas me han asegurado todos que no se encuentra animal semejante en ninguna parte de la América meridional. Molina, fundándose en una semejanza de costumbres, creyó que este animal era análogo a su* Culpen; *pero he visto a los dos animales y son por completo diferentes. Los relatos que hace Byron de la timidez y de la curiosidad de esos lobos, que los marineros tomaban por ferocidad y los hacía echarse al agua para evitarlos, los han hecho conocer bien. Sus costumbres son aún las mismas. Se los ha visto entrar en una tienda y quitar de ella la carne que guardaba debajo de la cabeza un marinero dormido. Los gauchos les dan muerte con frecuencia de noche, y para lograrlo, les ofrecen un trozo de carne con una mano mientras que en la otra tienen un cuchillo para herirlos con él cuando se acerquen. No sé de otra tierra en el mundo, tan exigua y tan lejana de un continente, que posea un cuadrúpedo aborigen tan grande y que le sea particular. Pero el número de esos lobos disminuye con rapidez; han desaparecido ya de la mitad de la isla que se encuentra al oriente de la lengua de tierra que se extiende entre la bahía de San Salvador y el estrecho de Berkeley. Dentro de algunos años, cuando estas islas estén habitadas, sin duda a ese zorro se lo podría clasificar, como al dodo, entre los animales desaparecidos de la superficie de la Tierra."* (17 de mayo de 1834)

Pese a lo abundante que fue en el siglo pasado, lo único que hoy nos queda de esta especie son recuerdos en algunos museos, como los dos ejemplares taxidermizados, las seis pieles rellenas, los once cráneos y las dos mandíbulas que se encuentran dispersados entre Inglaterra (Museo Británico de Historia Natural y Museo Real de la Universidad de Cirujanos, ambos en Londres), Suecia (Museo de Historia Natural de Estocolmo), Bélgica (Real Instituto de Ciencias Naturales, en Bruselas), Holanda (Museo de Historia Natural de Leiden) y Estados Unidos (Academia de Ciencias Naturales de Filadelfia). Los restos que se encontraban en Francia, en el Museo de Historia Natural de París, al parecer se han extraviado. Asombrosamente, no se conserva ni un solo ejemplar en ningún museo argentino.

Las primeras menciones de la existencia de este zorro fueron brindadas por el inglés *Richard Simson*, tripulante del buque *Welfare*, en el año

1689. Referencias posteriores (1765) aseguran que la población de zorros era sumamente numerosa, al punto de catalogarlo como "plaga". Sin embargo, cuando Darwin visitó las islas predijo el destino que correría el zorro-lobo malvinero: "Pienso, sin dudar, que como están siendo colonizadas estas islas, antes de que se arruine el papel en que figura este animal, habrá que listarlo junto con esas especies que han desaparecido de la Tierra". A mediados del siglo XIX ya era difícil observarlo.

En 1845 habría arribado a Londres un ejemplar destinado a ser exhibido en el zoológico de dicha ciudad. En 1968 se envió una pareja, pero uno de ellos murió en el trayecto. La misma suerte corrió otra pareja enviada dos años más tarde.

En 1860, la colonización de las islas trajo el ganado, y el zorro-lobo malvinero lo incorporó en su dieta habitual. Como era de esperar, los colonos lo cazaron indiscriminadamente e incluso llegó a pagarse una libra esterlina por cabeza. Su captura también fue requerida hacia 1839 por la industria peletera estadounidense a través de la compañía de John J. Astor, que actuaba como mediadora en el comercio. Charles Darwin observó a los gauchos malvineros ofrecerle carne con una mano y empuñar con la otra el facón. Según Bougainville, era bastante común que los colonos lo domesticaran desde cachorro.

Su suerte estaba echada. Exterminado por los ganaderos escoceses, en 1873 desapareció de la isla Gran Malvina y tres años más tarde de la isla Soledad. No obstante, existen diversos testimonios que aseguran que tiempo después aún quedaba en la Patagonia algún ejemplar domesticado. Uno de esos testimonios es el de los pobladores de Comandante Luis Piedra Buena, localidad de la provincia de Santa Cruz, quienes dijeron que existió allí un espécimen que había sido regalado por los tripulantes de una goleta lobera a los habitantes de la isla Pavón en el verano de 1875 y que en un atardecer de abril de 1876 se habría lanzado al río Santa Cruz sin dejar rastro alguno. Otro es el de Lobodón Garra, quien comentó que en 1930 todavía existía un zorro malvinero que se mantuvo en cautiverio en la península Dumas, en Tierra del Fuego.

CHARLES DARWIN
(1809-1882)

El naturalista inglés Charles Darwin, padre de la teoría científica de la evolución de las especies, nació en Shrewsbury en 1809. Tras un intento fallido de estudiar medicina en la Universidad de Edimburgo, en 1828 pasó a Cambridge, donde asistió a cursos de muy diversas materias, desde teología y lenguas clásicas, hasta geología, entomología y botánica.

Entre 1831 y 1836 participó como naturalista en la famosa expedición por América del Sur y las islas del Pacífico a bordo del *Beagle*. Ese viaje, sobre el cual en 1839 publicó un detallado diario, fue decisivo en su vida, ya que le permitió realizar múltiples observaciones de animales y plantas, y acumular una abundante información a partir de la cual comenzó a desarrollar sus teorías sobre la evolución de las especies.

Darwin a los 31 años
(acuarela de George Richmond).

Tras 23 años de maduración, Darwin publicó en 1859 su principal obra *El origen de las especies*, en la que explica la aparición de nuevas especies y la desaparición de las preexistentes como consecuencia de la selección natural.

Sus ideas provocaron tanto entusiasmo como polémica, especialmente cuando amplió los principios evolutivos a la especie humana. Darwin completó sus teoría sobre la evolución con sucesivas publicaciones, hasta su muerte, ocurrida en 1882.

Cronología de los principales sucesos de su vida

1809. Nació el 12 de febrero en Shrewsbury.

1817. Fue a la escuela del Rev. G. Case, como externo.

1818. Ingresó en la escuela de Shrewsbury, dirigida por el doctor Butler.

1825. Ingresó en la Universidad de Edimburgo para estudiar medicina. Mostró interés en la historia natural y asistió a clases de geología, pero llegó a la conclusión de que lo suyo no era la medicina. Su padre lo envió a Cambridge a estudiar geología.

1827. El 15 de octubre fue admitido en el Christ's College.

1831. El 26 de abril recibió su licenciatura con el puesto número diez dentro de su promoción. El 24 de agosto, el Rev. J. S. Henslow, profesor de botánica, le comunicó el ofrecimiento del capitán FitzRoy de viajar en el *Beagle*. Vencida la resistencia de su padre gracias a la intervención de Josiah Wedgwood, zarpó en el *Beagle*, desde Devonport, dos días después de Navidad.

1832. El 16 de enero desembarcó por primera vez en territorio tropical (islas de Cabo Verde). El 28 de febrero el *Beagle* fondeó en Bahía, Brasil.

1833. El 3 de enero el *Beagle* llegó a Tierra del Fuego. Jemmy Button, York Minster y Fuegía Basket fueron devueltos a su tierra natal.

1834. El 9 de junio el *Beagle* atravesó el cabo de Hornos y entró en el océano Pacífico. En otoño, Darwin pasó un mes enfermo, con un padecimiento no identificado.

1835. El 26 de marzo fue gravemente atacado por el *Triatoma infestans*. El resultado pudo ser una infección latente de la enfermedad de Chagas, que se manifestaría años más tarde en sus continuos problemas de salud. En septiembre el *Beagle* visitó las islas Galápagos, donde las diferencias entre las especies de pinzones dieron lugar a los primeros pasos en su concepción de la teoría de la evolución.

1836. El 2 de octubre el *Beagle* echó anclas en Falmouth, tras cinco años y dos días de viaje. Luego de una visita a su familia, se hospedó en Cambridge.

1837. Se trasladó al número 36 de la calle Great Marlborough, en Londres, para clasificar y ordenar sus colecciones, con vistas a redactar su informe. En julio comenzó su primer cuaderno de notas sobre la evolución de las especies.

1838. Fue nombrado secretario de la Geological Society. Visitó Glen Roy y escribió un trabajo sobre "las sendas paralelas". En octubre trató de distraerse leyendo la obra de Malthus sobre la población, y comprendió que el mecanismo que tiende a preservar las variaciones más aptas es la selección natural. El 11 de noviembre pidió la mano de su prima Emma Wedgwood.

1839. El 1º de enero se trasladó al número 12 de Upper Gower Street, en Londres. El 29 de enero se realizó la boda en Maer. En primavera conoció a Joseph Dalton Hooker. En agosto publicó el diario de su viaje a bordo del *Beagle*.

1842. El 16 de mayo escribió un borrador a lápiz de *Mi teoría de las especies* y apareció publicado su trabajo *La estructura y distribución de los arrecifes de coral*. En septiembre los Darwin se trasladaron a Down House, en Kent.

1844. De julio a septiembre escribió una versión más completa de su teoría de las especies.

1846. El 1º de octubre comenzó a trabajar con los cirrípedos (percebes). En diciembre apareció publicada su obra *Observaciones geológicas sobre América del Sur*.

1854. Terminó sus trabajos sobre los percebes (publicados en dos volúmenes, en 1851 y 1854).

1856. Animado por Hooker y Lyell, el 16 de diciembre comenzó a escribir un resumen de su teoría. Acabó el capítulo tercero.

1857. A finales de septiembre terminó ocho capítulos.

1858. El 18 de junio recibió una carta de Alfred Russel Wallace, que contenía un esquema completo de la teoría evolutiva basada en la selección natural. El 1º de julio, un trabajo en conjunto con Wallace fue leído en la Linnean Society. El 28 de julio comenzó a escribir *El origen de las especies*.

1859. El 24 de noviembre publicó *El origen de las especies*, con una primera edición de 1.250 ejemplares, agotada ese mismo día.

1860. El 7 de enero apareció la segunda edición de *El origen de las especies*, con una tirada de 3.000 ejemplares. El 28 de junio, en la reunión de la British Association, en Oxford, debatieron Wilberforce y Huxley.

1861. El 30 de abril apareció la tercera edición de *El origen de las especies*, con una tirada de 2.000 ejemplares.

- **1862.** El 15 de mayo apareció publicado su libro *De los diferentes artificios mediante los cuales las orquídeas son fecundadas por los insectos.*
- **1864.** El 30 de noviembre recibió la medalla Copley, de la Royal Society.
- **1866.** En junio apareció la cuarta edición de *El origen de las especies*, con una tirada de 1.250 ejemplares.
- **1868.** El 30 de enero fue publicada su obra *La variación de los animales y de las plantas bajo la acción de la domesticación,* que fue reimpresa en el plazo de un mes.
- **1869.** El 7 de agosto se publicó la quinta edición de *El origen de las especies,* con una tirada de 2.000 ejemplares.
- **1871.** El 24 de febrero apareció publicada su obra *La descendencia humana y la selección sexual.*
- **1872.** El 19 de febrero publicó la sexta edición de *El origen de las especies*, con una tirada de 3.000 ejemplares. El 26 de noviembre se editó su obra *La expresión de las emociones en el hombre y en los animales.*
- **1875.** El 2 de julio se publicó su trabajo *Las plantas insectívoras.* En septiembre apareció publicado su libro *Sobre los movimientos y costumbres de las plantas trepadoras.*
- **1876.** Durante mayo y junio escribió su esquemática autobiografía, publicada por su hijo Francis dentro de *Vida y cartas de Charles Darwin.* El 10 de noviembre apareció publicada su obra *Los efectos de la fecundación directa y de la fecundación cruzada en el reino vegetal.*
- **1880.** El 6 de noviembre se publicó su trabajo *La facultad de movimiento en las plantas.*
- **1881.** El 10 de octubre se publicó su librito sobre la formación del mantillo vegetal gracias a la acción de las lombrices.
- **1882.** El 19 de abril murió en Down House, tras un ataque al corazón, a los 73 años de edad. El 26 de abril fue enterrado en la abadía de Westminster, junto a Isaac Newton.

Fundación de Historia Natural Félix de Azara

La publicación de esta colección cuenta con el apoyo y asesoramiento técnico-científico de la Fundación de Historia Natural Félix de Azara, una organización no gubernamental y sin fines de lucro creada el 13 de noviembre del año 2000, con el objetivo de contribuir a la conservación de la naturaleza y de los bienes culturales; al desarrollo de la ciencia; y al adecuado uso sustentable de los recursos naturales.

Desde sus inicios –y actualmente a través del Departamento de Ciencias Naturales y Antropología - CEBBAD de la Universidad Maimónides– apoya proyectos de investigación y conservación; promueve la edición de libros, monografías, guías de campo y publicaciones periódicas; fomenta la gestión y la educación ambiental, la divulgación científica y los trabajos vinculados a la historia y la filosofía de la ciencia; contribuye a la formación y conservación de colecciones; posee una biblioteca especializada; proyecta un moderno museo de historia natural; efectúa exposiciones; realiza trabajos de campo; organiza y auspicia congresos y jornadas; da cursos y conferencias; y en pocas palabras desarrolla todo tipo de emprendimientos que contribuyan al estudio y la conservación del patrimonio natural y cultural.

Interactúa con más de 800 instituciones en todo el mundo y ha establecido más de treinta convenios de cooperación con organizaciones nacionales e internacionales.

Para alcanzar sus fines busca el consenso entre los distintos sectores de la sociedad - organismos gubernamentales y privados, instituciones académicas y sociales, etc.- y cuenta con el apoyo de organismos internacionales, empresas, fundaciones y donantes particulares.

La Fundación rinde homenaje en su denominación a Félix de Azara (1742-1821), un verdadero ilustrado del siglo XVIII que se mostró deseoso de adquirir conocimientos y mejorar el mundo que lo rodeaba. Así lo manifestó claramente durante su actuación en la región rioplatense entre 1782 y 1801. En esos años se dedicó a los estudios zoológicos (particularmente de aves y mamíferos), geográficos, cartográficos, etnográficos e históricos. El nombre Félix de Azara es además común al área de principal desenvolvimiento de la Fundación, que es la región rioplatense: Argentina, Paraguay y Uruguay.

Universidad Maimónides

Departamento de Ciencias Naturales y Antropología
CEBBAD - Instituto Superior de Investigaciones
Universidad Maimónides
Valentín Virasoro 732 (C1405BDB)
Ciudad Autónoma de Buenos Aires, República Argentina.
Teléfono: 011-4905-1100 (int. 1228).
E-mail: secretaria@fundacionazara.org.ar
Página web: www.fundacionazara.org.ar

Otros títulos de esta editorial

ABORÍGENES DE LA PATAGONIA
Los Onas: tradiciones, costumbres y lengua
JOSÉ MARÍA BEAUVOIR

EXPEDICIÓN A LA PATAGONIA
Un viaje a las tierras y mares australes (1881-1882)
GIACOMO BOVE

LOS JESUITAS EN LA PATAGONIA
Las Misiones en la Araucanía y el Nahuelhuapi (1593-1736)
JESUITA MIGUEL DE OLIVARES

LA CIUDAD ENCANTADA DE LA PATAGONIA
La leyenda de los Césares
PEDRO DE ANGELIS

DIARIO DE LA PATAGONIA
Notas y reflexiones de un naturalista sensible
CHARLES DARWIN

RESEÑAS DE LA PATAGONIA
Andanzas, penurias y descubrimientos de dos pioneros de la ciencia
PEDRO DE ANGELIS

VIAJE ALREDEDOR DEL MUNDO
En la Fragata Real Boudeuse y el Étoile
L. A. DE BOUGAINVILLE

SOLO, RUMBO A LA CRUZ DEL SUR
El crucero del "Lehg" a través del Atlántico
VITO DUMAS

LOS CUARENTA BRAMADORES
La vuelta al mundo por la "ruta imposible"
VITO DUMAS

PATAGONIA, TIERRA DE HOMBRES
Vida y obra de los misioneros salesianos en el sur argentino
CLEMENTE I. DUMRAUF

PATAGONIA AZUL Y BLANCA
CLEMENTE I. DUMRAUF

CUENTOS, MITOS Y LEYENDAS PATAGÓNICOS
NAHUEL MONTES

LA PATAGONIA TRÁGICA
JOSÉ MARÍA BORRERO
CON PRÓLOGO DE OSVALDO BAYER